O CAPITALISMO EM CRISE

PAULO NAKATANI
ROSA MARIA MARQUES

O CAPITALISMO EM CRISE

1ª edição
EXPRESSÃO POPULAR
São Paulo – 2020

Copyright © 2020 by Editora Expressão Popular

Revisão: Cecília Luedemann, Nilton Viana e Lia Urbini
Projeto gráfico: *ZAP Design*
Capa e diagramação: *Gustavo Motta*

Dados Internacionais de Catalogação-na-Publicação (CIP)

N163c Nakatani, Paulo
Capitalismo em crise / Paulo Nakatani, Rosa Marques.
–1.ed. —São Paulo: Expressão Popular, 2020.
120 p. : il.

Indexado em GeoDados - http://www.geodados.uem.br
ISBN 978-65-991365-3-5

1. Capital financeiro – Brasil. 2. Capitalismo. I. Marques, Rosa. II. Título.

CDU 330.14

Catalogação na Publicação: Eliane M. S. Jovanovich CRB 9/1250

Todos os direitos reservados.
Nenhuma parte deste livro pode ser utilizada
ou reproduzida sem a autorização da editora.

1ª edição: agosto de 2020

EDITORA EXPRESSÃO POPULAR LTDA.
Rua Abolição, 201 – Bela Vista
CEP 01319-010 – São Paulo – SP
Tel: (11) 3112-0941 / 3105-9500
livraria@expressaopopular.com.br
www.facebook.com/ed.expressaopopular
www.expressaopopular.com.br

SUMÁRIO

Apresentação..7

1. O movimento do capital...11
   O capital em geral e os capitais individuais..................17

2. Capital monetário, capital portador
   de juros, capital fictício..29
   O capital fictício...32
   As formas do capital fictício.......................................34
   *A alienação da forma capital e um
   novo fetiche: as criptomoedas*.....................................56

3. A onipresença do
   capital portador de juros...63
   O retorno do capital portador de juros......................63
   *O funcionamento da economia sob a
   desregulamentação e algumas implicações da
   dominância do capital portador de juros*...................80
   A expansão do capital fictício.....................................86

4. A crise 2007-2008
   e as medidas adotadas..93
   A estagnação após a crise................................109

Referências...113

APRESENTAÇÃO

Vivemos num mundo financeirizado, em que o capital portador de juros, chamado de financeiro pela mídia, é o principal definidor das relações econômicas e sociais do capitalismo contemporâneo. Esse capital, na sua forma mais perversa, o de capital fictício, sempre esteve no centro do desencadeamento das crises vivenciadas nas últimas décadas, muito embora as raízes mais profundas da crise devam ser buscadas nas dificuldades que o capital enfrenta em seu processo de reprodução ampliada, não tendo êxito, até agora, em suas tentativas de recuperar níveis adequados de taxa de lucro, pelo menos iguais aos de períodos anteriores.

Quais foram as condições que levaram o capital portador de juros a assumir a centralidade que ocupa no mundo atual? Como isso afeta o crescimento econômico e o nível de emprego? Quais são as formas assumidas pelo capital fictício na contemporaneidade e quais as suas manifestações? Essas são algumas das perguntas que este livro busca responder. Este estudo pode ser considerado, de um lado, uma continuidade da pesquisa que registramos no livro *O que é o capital fictício e sua crise*, editado pela Brasiliense em 2009, e de outro, um novo livro, em particular pela abordagem teórica que aqui apresentamos. Em vários momentos retomamos o que lá está escrito, em especial quanto a alguns aspectos teóricos e à crise de 2007-2008. Mas, no geral, trata-se de um aprofundamento com uma nova interpretação, porque articula o entendimento sobre o capital portador de juros com o movimento de reprodução do capital e, portanto, com seus fundamentos para além da aparência.

Este livro está dividido em quatro partes: a) o movimento do capital; b) capital monetário, capital portador de juros, capital fictício; c) a onipresença do capital portador de juros; e d) a crise de 2007-2008 e as medidas adotadas.

Este estudo se inicia com a ênfase no fato de que o capital só pode existir em movimento, mesmo que tenha que aparecer ou se apresentar como estável e sob a forma de um estoque. Para se movimentar, o capital deve mudar de forma, realizar continuamente uma metamorfose, nos termos de Marx. Essa metamorfose passa pela forma dinheiro, forma mercadoria, forma produtiva e retorna à forma dinheiro ampliada pela mais-valia. Assim, o capital continua seu movimento cíclico indefinidamente sempre por meio da mudança de sua forma. Nós consideramos fundamental destacar dois aspectos importantes que são menosprezados tanto nos estudos sobre o capital quanto nos cursos sobre teoria marxista: esse movimento estudado por Marx nos quatro primeiros capítulos do livro II d'*O capital*, e os níveis de abstração entre o capital em geral e os capitais particulares. Tentamos mostrar que o movimento dos capitais particulares, como forma de existência material do capital em geral, deve igualmente seguir o mesmo processo de metamorfose, mas aí já em seu movimento concreto com as suas determinações particulares e históricas.

O segundo ponto que gostaríamos de enfatizar é o processo de superacumulação do capital na forma de capital portador de juros desde o final dos anos 1960 e sua continuidade até os dias de hoje. Esse processo, nos momentos de expansão do capital, engendrou instituições e instrumentos financeiros cada vez mais avançados e complexos, assim como foi modificando continuamente o sistema internacional de crédito. Foi esse processo que gerou e expandiu aceleradamente novos mecanismos, instrumentos e mercados para a expansão do capital fictício, tema central deste livro.

Enfim, queremos destacar que as mudanças de forma, em termos de transferência de recursos de um tipo de capital fictício para outro, não modificaram as tendências gerais do capitalismo contemporâneo. Os desdobramentos da superacumulação do capital, expressa na crise vivenciada há mais de uma década, ainda não trouxeram o alívio necessário, ou esperado, para a retomada da acumulação, que parece não ter mais espaço. Todas as medidas, programas e instrumentos utilizados para a superação da crise e a retomada do crescimento real, após 2008, foram infrutíferas. O capitalismo mundial, nos dias de hoje, parece não ter mais opção e nem lugar para um novo círculo virtuoso de prosperidade.

Boa leitura.

1. O MOVIMENTO DO CAPITAL

Antes de falarmos da centralidade do capital portador de juros no capitalismo contemporâneo, em particular do capital fictício, tendo presente suas modalidades, determinações na esfera produtiva e nas relações sociais, e para a mais recente crise que se manifestou no plano mundial, é mister explicitarmos que estar continuamente em movimento, mudando a sua forma, decorre da natureza do capital.

> A riqueza das sociedades onde reina o modo de produção capitalista aparece como uma "enorme coleção de mercadorias", e a mercadoria individual como sua forma elementar. (Marx, 2013, p. 113)

O capital é uma relação social, mas é também uma forma social de expressão da riqueza produzida e acumulada pela sociedade. Como relação social, é o resultado da relação contratual entre as classes fundamentais de capitalistas e de trabalhadores; e como expressão da riqueza, é o resultado acumulado da riqueza produzida pela força de trabalho. A esse nível, o capital é também uma abstração, mas que tem uma existência real e só existe em movimento. Marx representou esse movimento de uma forma extremamente simples: dinheiro (D) que se converte em mercadorias (M), força de trabalho (Ft) e meios de produção (Mp), que são combinadas de diferentes formas produzindo uma nova mercadoria que deve ser convertida novamente em dinheiro (D'). D-M-D', onde o D' é maior do que o D inicial. O capital em seu movimento deve, em primeiro lugar, produzir um excedente, a mais-valia,[1] e em segundo, deve acumular uma parte dela.

Não devemos confundir o movimento do capital como um deslocamento no espaço ou no tempo. O capital pode se movimentar sem sair do lugar ou pode ir de um lado para outro do mundo sem se movimentar. O movimento do capital deve ser compreendido como uma espécie de espírito, ou um fantasma, que muda de uma

---

[1] A mais-valia foi substituída por mais-valor nas novas traduções de Marx, começando pela edição dos *Grundrisse* (2011). Nós, por tradição, continuamos a usar a primeira ao longo do texto, exceto nas citações diretas.

forma para outra e nesse movimento o capital vai submetendo as pessoas, as coisas e toda a sociedade aos seus desejos ou à sua lógica, como se fosse um espírito fantasmagórico com vontade própria. Sem o seu próprio movimento, o capital se deteriora, se desvaloriza e pode até desaparecer, não como totalidade, mas em suas formas particulares.

> Como totalidade, o capital se encontra, então, simultaneamente e em justaposição espacial em suas diferentes fases. Mas cada parte passa constantemente, por turnos, de uma forma funcional para a outra, e assim funciona sucessivamente em todas as formas. As formas são, portanto, fluidas, e sua simultaneidade é mediada por sua sucessão. Cada forma segue a outra e a antecede, de modo que o retorno de uma parte do capital a uma forma é condicionado pelo retorno de outra parte a outra forma. [...] É apenas na unidade dos três ciclos que se realiza a continuidade do processo total, e não na interrupção exposta anteriormente. O capital social total possui sempre essa continuidade e seu processo possui sempre a unidade dos três ciclos. (Marx, 2014, p. 183)

O capital se movimenta, então, mudando de forma, o que Marx denominou de *metamorfose*.

A forma inicial dinheiro (D) muda para a forma mercadoria (M) e deve voltar à forma dinheiro (D') aumentada pela mais-valia. Este é o objetivo fundamental e a razão de existência do capital. A mais-valia aparece na realidade sob a forma de lucro contábil e é expresso em unidades monetárias. Em seu movimento, a forma mercadoria deve passar pela forma de capital produtivo (P), na qual a mercadoria força de trabalho (Ft) é combinada com os meios de produção (Mp) – construções, máquinas, equipamentos, ferramentas, matérias-primas, outros materiais – e com a força de trabalho para a produção de nova mercadoria (M').[2] Assim, a expressão mais detalhada do movimento ou da *metamorfose* do capital foi representada por Marx da seguinte maneira: D-M...P...M'-D'. Esse movimento é contínuo e permanente, ou seja, a última forma D' volta à forma inicial D para percorrer novamente e indefinidamente todo o ciclo, da seguinte maneira:

---

[2] Os meios de produção podem ser classificados em capital fixo (CF), que têm longa duração e são utilizados durante muitos ciclos, e capital circulante (CC), que são transformados pelas mercadorias e força de trabalho (Ft) e reaparecem como nova mercadoria. A força de trabalho é classificada, também, como capital circulante.

$$D - M \begin{Bmatrix} Mp \\ Ft \end{Bmatrix} ... P ... M' - D' ... D - M \begin{Bmatrix} Mp \\ Ft \end{Bmatrix} ... P ... M' - D' ... D - M \begin{Bmatrix} Mp \\ Ft \end{Bmatrix} ... P ... M' - D' ...$$

Cabe destacar, entretanto, que o movimento do capital social sofre contínuas interrupções em cada uma de suas formas cíclicas. Se na forma monetária a interrupção ocorre com o entesouramento,[3] a forma produtiva interrompe o movimento da forma monetária do capital. Na forma mercadoria, as interrupções na circulação ocorrem seja por meio de estoques de capital na forma produtiva seja na forma de mercadorias acabadas. Todos esses momentos de interrupção significam que uma parcela do capital está sendo acumulada sob uma dessas formas, mas sem funcionar como capital, pois nesses momentos a produção da mais-valia estará paralisada. Assim, ao considerarmos o movimento concreto do capital, o ciclo D-M...P...M'-D' está ocorrendo ao mesmo tempo nas unidades individuais de capital e, paralelamente, superpostas e interligadas entre muitas unidades distintas de capital.

---

[3] Na época de Marx, a forma monetária, como moedas de ouro ou prata, ainda podia ser acumulada como tesouro. Após o desenvolvimento dos bancos centrais, todo capital monetário excedente acumulado nos bancos é aplicado diariamente na compra de títulos públicos ou privados.

Além disso, cada uma das formas autonomizadas pode ser descrita em seus ciclos particulares. Assim, temos:

I) Ciclo do capital monetário: D-M...P...M'-D';
II) Ciclo do capital produtivo: P...M'-D'-M...P; e
III) Ciclo do capital mercadoria:
M'-D'-M...P...M'

> As duas formas que o valor de capital assume no interior de seus estágios de circulação são a de *capital monetário* e *capital mercadoria*; sua forma própria ao estágio de produção é a de *capital produtivo*. O capital, que no percurso de seu ciclo total assume e abandona de novo essas formas, cumprindo cada uma delas sua função correspondente, é o *capital industrial* – industrial, aqui, no sentido de que ele abrange todo ramo de produção explorado de modo capitalista. (Marx, 2014, p. 131, grifos no original)

Marx chamou a forma dinheiro (D), a forma mercadoria (M) e a forma produtiva (P) de formas autonomizadas do capital. A totalidade dessas formas foi denominada por Marx de *capital industrial*, todas elas comprometidas com a produção de mercadorias. Por isso, não devemos confundir com os ramos de produção como agricultura, indústria, serviços e finanças, assim designados pela economia ortodoxa. Essa confusão pode conduzir a outra, que é a separação entre capital produtivo e capital monetário, que muitos acabam confundindo e chamando de capital financeiro.[4] Um equívoco em que muitos autores caem frequentemente e consideram como uma contradição entre a *acumulação real* e a *acumulação financeira*.

O capital em geral e os capitais individuais

A apresentação de Marx sobre o movimento do capital em geral associa, continuamente, essa categoria teórica com as suas *formas de existência* concretas e históricas distribuídas em capitais individuais ou particulares. A existência real, concreta e histórica, de cada unidade de capital pode ser entendida como as diferentes unidades empresariais, empresas pequenas, médias, grandes ou gigantescas, que funcionam no mundo atual. Cada uma tem um nome particular, ou de fantasia, como Ford, General Motors, Volkswagen, Walmart, Petrobras, Bradesco, Santander,

---

[4] Discutimos a origem e os problemas causados por essa categoria em Carcanholo e Nakatani (2015, p. 50).

HSBC, Vale S.A., Pão de Açúcar etc. e uma nacionalidade, brasileira, alemã, inglesa, estadunidense e assim por diante. As maiores se organizam em conglomerados em que uma unidade de capital individual controla outras unidades de capital nos mais diversos ramos da produção e em muitos lugares e países.

Em suas formas concretas de existência, cada unidade individual de capital reproduz o mesmo movimento cíclico: $D-M\ (Mp + Ft)\ ...P...\ M'-D'$, articulando-se entre eles e expressando-se concretamente como formas de existência do capital em geral. Isso significa que cada empresa necessita comprar continuamente matérias-primas e outros materiais de outras empresas, transformá-las em novas mercadorias e vender diariamente o resultado de sua produção, ou seja, efetuam cotidianamente o ciclo $D-M-D'$, salvo a parte do que é chamado de capital fixo (construções, máquinas, equipamentos e ferramentas) cujo valor é incorporado gradativamente e parcialmente na nova mercadoria. Cada unidade individual de capital pode e deve estar continuamente e no mesmo momento sob as três formas autônomas: capital dinheiro, capital mercadoria e capital produtivo. Além disso, com o desenvolvimento do sistema bancário, a maior parte da *metamorfose* de cada unidade de capital (M'-D') passa diariamente pelo sistema bancário. Finalmente, os bancos e outras instituições financeiras concluem a circulação do capital convertendo toda a massa de dinheiro disponível comprando títulos da dívida pública no mercado de títulos dirigido pelo Banco Central (BC). Nesse instante, o dinheiro que havia sido criado pelo BC é cancelado para ser recriado no dia seguinte, quando os títulos vendidos são recomprados pelo BC. O dinheiro, em sua forma de capital monetário, converteu-se ou mudou de forma para capital portador de juros sob a forma fictícia de títulos da dívida pública.

> Diariamente, o Banco Central do Brasil abre as operações de mercado aberto, onde compra e vende títulos públicos. A operação principal, com mais de 90% dos negócios, é o *overnight*, na qual os bancos compram e vendem títulos, principalmente em operações compromissadas, isto é, compra com o compromisso de revenda nas mesmas condições e vice-versa, com o prazo de um dia, durante o qual rende juros. Em outubro de 2014, a média diária de negócios no mercado secundário, ou seja, de títulos

> já negociados, atingiu R$ 1,0 trilhão. A última informação disponível, para agosto de 2019, indica que a média diária no mês foi de R$ 1,155 trilhão. Para efeitos de comparação, o PIB estimado acumulado no ano (janeiro a agosto de 2019) foi de R$ 4,7 trilhões e R$ 6,8 trilhões, em 2018. (Banco Central do Brasil, 2019)

O movimento diário do capital exige que cada unidade se integre ao movimento de dezenas e centenas de outras unidades individuais de capital. Podem ser pequenas unidades locais, mesmo não sendo especificamente capitalistas, médias ou grandes corporações internacionais. Os capitais devem funcionar mais ou menos *solidariamente*, pois cada um depende dos demais. Antes das vendas finais para os consumidores, existem milhões de operações entre os capitais particulares e cada um deles depende dos outros para realizar sua venda final, a *metamorfose* M'-D'. Do ponto de vista dos capitais compradores, esta operação será a *metamorfose* inicial D-M; do ponto de vista dos vendedores, a *metamorfose* final. Nesta parte do movimento do capital, Marx está abstraindo, ou não está considerando, a concorrência entre os capitais.

> Enquanto o capital já valorizado conserva-se em sua forma de capital-mercadoria, permanecendo imóvel no mercado, o processo de produção fica paralisado. O capital não atua nem como criador de produtos, nem como produtor de valor. (Marx, 2014, p. 122)

Se do ponto de vista do capital em geral ele deve permanecer continuamente em movimento, do ponto de vista dos capitais particulares cada uma das unidades pode ter uma parcela maior ou menor que fique parada de acordo com suas características particulares, da mesma forma como vimos nas formas autonomizadas do capital.

Exemplo 1 – Uma lanchonete familiar

Imaginemos que José da Silva perdeu o emprego que tinha há muitos anos em uma indústria, recebeu uma indenização e retirou todo o depósito acumulado na sua conta do FGTS. Seu Zé é casado e tem um casal de filhos de 18 e 20 anos de idade, que terminaram o ensino médio, mas não puderam ir para a universidade. Ele é casado com dona Maria, excelente cozinheira e quituteira de mão-cheia. Assim, com o dinheiro recebido, ele resolve abrir uma lanchonete para ele e a família trabalharem. Mas não tem nenhum local. Por isso procura um imóvel disponível para alugar. Compra fogão, geladeira, *freezer*, prateleiras, balcão, mesas e cadeiras, pratos, copos, talheres e os instala no imóvel. Estes são seus meios de produção na forma de capital fixo. O imóvel pertence a um rico proprietário que compra imóveis para alugar e vive dos aluguéis, mas será integrado como parte do capital fixo. Como força de trabalho, terá a própria mulher e os filhos, assim, não terá trabalho assalariado. Não será um capitalista, mas uma espécie de pequeno produtor familiar que irá se integrar ao ciclo do capital. O dinheiro que recebeu como indenização, enquanto estiver, por exemplo, depositado em um banco antes de seu uso na lanchonete, será dinheiro, mas o banco pode convertê-lo em capital monetário, sem que Seu Zé tenha qualquer ideia sobre isso e sem que receba nenhum pagamento por isso.

Instalada a lanchonete, antes da inauguração, deve comprar outros meios de produção. Uma parte de produtos já prontos, como cervejas, refrigerantes, água, sucos industriais, doces, balas etc. Cada um desses produtos pode vir de uma fábrica diferente, que os vende a preço de atacado. Outra parte deve servir de matéria-prima para a confecção de lanches, sucos, sanduíches e salgadinhos diversos, como frutas, verduras, farinhas, carnes, embutidos, e tudo mais que precisar. Terá, assim, dezenas de fornecedores diferentes. Cada um desses fornecedores constitui uma unidade particular de capital que pode ser pequena, média ou até gigante, como os fornecedores de cerveja e refrigerantes, por exemplo, a Ambev, que possui muitas marcas diferentes de cerveja por todo o mundo, ou a Coca-Cola, uma gigantesca empresa estadunidense. Pode também ter outros fornecedores familiares, como alguns produtores de cerveja artesanal, de doces caseiros ou produtores de frutas, verduras e legumes. Assim, mesmo não sendo um capitalista, em essência, deverá se integrar ao ciclo do capital em geral, dependerá de todos os seus fornecedores e deverá agir segundo a lógica do capital.

Com tudo isso pronto, poderá inaugurar sua lanchonete. Para isso, feitas as encomendas e recebidos os produtos, estará *metamorfoseando* seu dinheiro em meios de produção e irá atuar, em parte, como intermediário comercial, comprando e vendendo produtos prontos e, em parte, como produtor de sanduíches, lanches, doces e salgados. No momento da compra, ele completará diferentes ciclos particulares M'-D', onde seus fornecedores entram com o M' e ele com o D'.

Com a lanchonete em funcionamento, dona Maria irá encarregar-se da cozinha, transformando farinhas, açúcar, sal, frutas, carnes etc. em sanduíches, salgados e doces. Seu Zé e o filho atendem os clientes e a filha cuida do caixa, recebendo e pagando contas. Assim, durante o dia todo, o trabalho da família consistirá em uma atividade puramente comercial e outra produtiva, em que entra a força de trabalho da família. O resultado de ambas é a venda de *mercadorias* que serão transformadas em *dinheiro*. Aqui devemos destacar que mercadorias e dinheiro não são nenhuma especificidade do capital, existem há milhares de anos. A diferença é que o capital tende a transformar tudo em mercadoria.

Podemos fazer, ainda, outra suposição. Todos os clientes são *modernos* e só utilizam cartões de crédito ou de débito. Assim, a cada venda, a mercadoria é entregue para o consumo e o dinheiro recebido será transferido diretamente da conta do cliente para a conta da lanchonete, ou creditado em uma conta do cartão de crédito. Alguns fornecedores, no mesmo dia, podem estar entregando suas mercadorias e recebendo seus pagamentos do Seu Zé, diretamente em suas contas bancárias. Assim, mesmo não sendo um capitalista, realizará um ciclo muito semelhante ao ciclo do capital industrial D-M...P...M'-D'.

Agora, podemos imaginar o que acontece no banco. A cada operação de compra e venda, os computadores dos bancos registram freneticamente transferências de dinheiro da conta do Seu Zé para os fornecedores e da conta dos clientes para a conta do Seu Zé e de milhares de outros clientes. No final do dia e a cada dia, a conta dele e de todos os demais clientes devem estar mais gordas do que no início. Ele vai acumulando dinheiro, bastante dinheiro. Aí, o gerente do banco lhe chama e lhe propõe aplicar o dinheiro em um fundo de investimento, assim, em vez de ficar *parado*, o dinheiro passa a render juros, assume uma das formas do capital portador de juros.

Com o passar do tempo, e fazendo muito sucesso entre a clientela, Seu Zé finalmente consegue enviar seus filhos para a faculdade e pretende dar um descanso para dona Maria. Contrata uma nova cozinheira, um auxiliar de cozinha e dois garçons para atenderem os clientes. Ele passa agora a dirigir a lanchonete a partir do caixa, fazendo as compras necessárias, realizando os pagamentos e recebendo o dinheiro dos clientes. Agora, aquela parte do dinheiro que não existia como salário, faz a sua aparição. Seu Zé tornou-se um capitalista e a lanchonete, uma unidade particular do capital em geral.

Exemplo 2 – Uma montadora de automóveis

A Volkswagen do Brasil é uma filial da Volkswagen alemã que se instalou no Brasil nos anos de 1950 e a sua forma jurídica é a de Sociedade Anônima (S/A). Em suas origens, era controlada por uma família.

Para começar, vamos imaginar que trouxe capital na forma monetária e também máquinas, equipamentos e ferramentas (forma mercadoria). Naquela época, a empresa ainda recebeu do governo brasileiro um terreno para sua instalação, onde já havia rede elétrica, de água, esgotos, de comunicação e vias pavimentadas. Assim, seu capital inicial D era constituído pela forma monetária, pela forma mercadoria e de capital fixo, como o terreno e toda a infraestrutura necessária. Dessa maneira, nem todo o capital foi adiantado pela unidade particular de capital Volkswagen. Além disso, a empresa poderia captar mais capital monetário no Brasil através da venda de ações.

Para iniciar suas atividades, precisou construir edifícios para a instalação das máquinas e equipamentos, uma linha de montagem. Também foi preciso construir outros edifícios para a administração, cantina, refeitório e galpões para estoques de matérias-primas e componentes, além de espaço para armazenamento dos veículos produzidos. Tudo isso pode ter demorado cerca de um ano inteiro. Do ponto de vista do capital particular, durante todo esse período, uma massa de capital permaneceu ociosa, mesmo que tenha se movimentado de outras unidades particulares, como as empresas que construíram os galpões e edifícios, que compraram matérias-primas e pagaram salários. Esta parcela do capital em geral estava ao mesmo tempo parada e em movimento.

Concluída a fase de instalação, com todas as máquinas e equipamentos (Mp) preparados, a empresa pôde iniciar suas atividades no Brasil. Contratou centenas de trabalhadores, nas várias categorias necessárias, do faxineiro ao operário e ao engenheiro (Ft). Mas ainda necessitava de fornecedores, de motores, pneus, caixas de câmbio, placas de aço, plásticos, tecidos, e até de porcas e parafusos. Uma parte foi resolvida com a importação desses componentes e a outra parte com a instalação e reconfiguração de empresas novas ou já existentes.

A partir desse momento, a Volkswagen do Brasil passou a *fabricar* fuscas e kombis, comprando todas as peças e componentes e fabricando outras (Mp), usando os trabalhadores (Ft) nas linhas de produção, estoques, escritório, engenharia, administração central etc. Assim, em seu ciclo particular, passou a realizar de maneira contínua o movimento do capital D-M...P...M'-D'. Desde seu início, e posteriormente com todas as inovações tecnológicas introduzidas e mais de meio século, o circuito do capital continua exatamente o mesmo. Mesmo com todas as mudanças decorrentes do desenvolvimento tecnológico e das novas invenções, das novas máquinas e equipamentos e das novas construções, o movimento do capital permaneceu idêntico.

Diariamente, a Volkswagen precisa converter Mp e Ft em produtos novos com um acréscimo de valor, a mais-valia, sob a base de um capital fixo construído inicialmente na década de 1950 e continuamente modificada e atualizada ao longo das décadas. Além disso, a sua apropriação de mais-valia sempre foi determinada por muitos outros fatores, como a cadeia de distribuição e comercialização dos veículos, da manutenção e financiamento, para os compradores finais, sejam empresas ou famílias. Neste último momento, a venda final sempre é realizada por meio de transferências bancárias, débito ou crédito em cartões etc. O D' final da Volkswagen, ou de seus milhares de representantes, acaba *engordando* a conta bancária do vendedor. Os bancos terão um comportamento semelhante às propostas que vimos no exemplo 1. Mas, para o grande capital, isso nem sempre funciona da mesma forma com pequenos capitalistas ou produtores familiares. A Volkswagen do Brasil já tem, como é amplamente conhecido, o seu próprio banco e realiza ela mesma a última metamorfose dos ciclos diários do seu capital particular.

2. CAPITAL MONETÁRIO, CAPITAL PORTADOR DE JUROS, CAPITAL FICTÍCIO

Do livro III d'*O capital* de Marx apreendemos que, para um grupo de capitalistas ter se especializado na atividade de adiantar dinheiro tanto para os capitalistas produtores de mercadorias quanto para aqueles envolvidos com a atividade comercial, foi necessário, antes de tudo, que indivíduos reunissem uma quantidade substantiva de dinheiro sob a forma de tesouro, o que é, no jargão dos economistas, chamado de entesouramento.

Enquanto dinheiro acumulado sob a forma de tesouro, ele não é capital, mas na medida em que ele pode ser emprestado ao capital produtor de mercadorias e ao capital comercial, ele é capital potencial. Ele é um "[...] capital ocioso, em forma de dinheiro, que aguarda o momento de ser investido" (Marx, 2017, p. 360). Dessa forma, o dinheiro – expressão autônoma de certa soma de valor – assume um outro valor de uso, o de produzir lucro, uma vez transformado em capital. O dinheiro é capital devido a sua conexão com o movimento total do capital: é na forma dinheiro que se inicia o processo capitalista de produção, quando um empresário compra máquinas, matéria-prima e emprega mão de obra para dar início ou prosseguimento à produção de mercadorias. Nas palavras de Marx:

> O possuidor de dinheiro, que quer valorizá-lo como capital portador de juros, aliena-o a um terceiro, lança-o na circulação, converte-o em mercadoria *como capital*; e não só como capital para ele mesmo, mas também para outros; ele não é capital apenas para quem o aliena, mas é desde o início transferido a um terceiro como capital, como valor que possui o valor de uso de criar mais-valor, lucro; como um valor que conserva a si mesmo no movimento e que, depois de ter funcionado, retorna àquele que o desembolsou originalmente, no caso em questão, ao possuidor do dinheiro; portanto, um valor que só por algum tempo permanece distante de quem o desembolsou, que só transita temporariamente das mãos de seu proprietário para as mãos do capitalista em atividade e que, por conseguinte, não é pago nem vendido, mas apenas emprestado; um valor que só é alienado sob a condição de, em primeiro lugar, retornar ao seu ponto de partida após determinado prazo e, em segundo lugar, retornar como capital realizado, isto é, tendo

> cumprido seu valor de uso, que consiste em produzir mais-valor. (Marx, 2017, p. 390-391)

Assim, quando o proprietário do capital-dinheiro empresta seu capital a um capitalista industrial ou a um atacadista, ele não está, com esse ato, realizando nenhuma parte do ciclo que o capital passa na produção capitalista. Com esse fato não está ocorrendo uma metamorfose, tal como aquela quando o capitalista produtor de mercadorias contrata o trabalhador assalariado e o põe a trabalhar na sua empresa (processo de produção); também não está acontecendo nem compra nem venda de mercadorias (quando o atacadista compra a mercadoria do capitalista produtor de mercadorias). E o retorno do dinheiro emprestado às mãos de seu proprietário apenas completa o ato por ele realizado, isto é, a cessão do dinheiro por um determinado tempo.

Mas é nesse momento que o dinheiro adquire outro valor de uso, de funcionar como capital, produzindo um lucro uma vez transformado em capital industrial. E é na qualidade de capital potencial, de meio de produzir lucro, que se torna uma mercadoria de gênero particular: a posse do capital dinheiro concede a seu proprietário, no momento do empréstimo, direito à parte do lucro do capital, o que se consubstancia sob a forma de juros. Dessa forma, os juros constituem dedução do lucro, tendo origem na mais-valia.

Contudo, do ponto de vista de quem está emprestando, a simples posse do dinheiro lhe confere o direito de exigir juros, independentemente do resultado de sua aplicação pelo capital, seja na indústria ou no comércio. "[...] dinheiro que engendra mais dinheiro, valor que se valoriza a si mesmo, sem o processo mediador entre os dois extremos" (Marx, 2017, p. 441), isto é, sem as agruras do processo de produção. Por isso Marx diz que essa é a forma mais reificada, mais fetichizada do capital. Para o proprietário do dinheiro sua simples posse é razão de juros; não lhe passa pela cabeça que esse é dedução do lucro. Para ele, é natural que seu capital dinheiro renda juros, tal como se espera que uma pereira dê peras, parafraseando Marx.

O capital fictício

Embora Marx não defina o que é capital fictício, podemos dizer que esse não guarda nenhuma relação com a produção de mercadorias e nem com as atividades de grande comércio que garantem que as mercadorias cheguem às mãos de seu consumidor final. Das formas de capital fictício mencionadas por Marx no livro III d'*O capital*, três persistem no capitalismo atual: o capital bancário, a dívida pública e o capital acionário. Se a elas agregarmos o atual mercado de derivativos e as criptomoedas, teremos, então, quase todo o capital fictício que impulsiona a acumulação de capital e forma o conjunto de capitais que comandam o processo de acumulação em geral e as formas particulares de gestão de unidades individuais de capital, nesta fase do capitalismo financeirizado. Uma das formas de capital fictício descritas por Marx não existe mais.[5]

---

[5] Marx explicou como o capital empregado na compra e venda de uma mercadoria exportada da Inglaterra para a China ou Índia convertia-se em capital fictício duplicado nas duas pontas do negócio, nos dois países, através do sistema de crédito (Marx, 2017, p. 463). A existência desse capital fictício era possível devido ao longo tempo necessário para o transporte da mercadoria. A rapidez com que o sistema de transporte entrega as mercadorias, nos dias de hoje, acabou com essa forma de existência do capital fictício. Como anotou Engels, "Essa prática fraudulenta se manteve pelo tempo em que as mercadorias tinham de ir e voltar da Índia contornando o Cabo da Boa Esperança. Desde que passa-

Em Marx, encontramos a seguinte explicação sobre o capital fictício:

> A formação do capital fictício tem o nome de capitalização. Para capitalizar cada receita que se repete com regularidade, o que se faz é calculá-la sob a base da taxa média de juros, como o rendimento que um capital emprestado a essa taxa de juros proporcionaria [...]. (Marx, 2017, p. 524)

As formas do capital fictício

A dívida pública

> A dívida mobiliária (em títulos) do Tesouro Nacional atingiu R$ 3,5 trilhões, 49,1% do PIB, no final de agosto de 2019. Era de R$ 2 trilhões em dezembro de 2014. Estes são os títulos negociados pelo Banco Central no mercado aberto e constituem uma parte do capital fictício que se move diariamente nas operações compromissadas de *overnight*. Após o início do Plano Real, em julho de 1994, e em particular após a crise de 1998, o principal fator que impulsionou o seu crescimento foi o pagamento de juros e não as despesas fiscais, como tem sido apregoado

---

ram a atravessar o canal de Suez e a ser transportadas em navios a vapor, esse método de fabricação de capital fictício perdeu sua base." (Marx, 2017, p. 463)

> há décadas. A responsabilidade da dívida não é o gasto público, mas é decorrente das necessidades da metamorfose do capital. Por exemplo, em agosto de 2019, o resultado primário negativo contribuiu com R$ 42,2 bilhões e a conta de juros com R$ 225,9 bilhões para o crescimento da dívida líquida do governo federal. Além disso, outra parte da dívida é a base monetária ou a criação primária de moeda, com R$ 282,6 bilhões. Esta é uma dívida que não rende juros. (Banco Central do Brasil, 2019)

A dívida pública surgiu desde os primórdios da constituição dos Estados nacionais e mesmo nos reinos antigos, pois os reis e nobres, seja devido às guerras ou ao consumo ostensivo, sempre gastaram mais do que arrecadavam como tributos das classes subalternas. Assim, a diferença entre a receita arrecadada e o que era gasto, um *deficit*, era financiado por meio da dívida pública. No mundo atual não há grandes diferenças, os governos se endividam tanto para financiar gastos correntes quanto para investimentos. No primeiro caso, a conversão da dívida em títulos da dívida pública é uma criação evidente de capital fictício, pois passado o momento do gasto corrente (pagamento de pessoal, por exemplo), resta apenas a dívida pública que rende juros. No segundo caso, enquanto existir o capital real (resultado do investimento) ao lado da dívida pública, os títulos de dívida ainda estarão na forma de capital portador de juros. Mas a negociação contínua desses títulos no mercado secundário fará com que suas cotações se distanciem de sua origem, transformando-se em capital fictício. Na impossibilidade de remunerar o capital fictício com as receitas tributárias, que constituem parte dos salários e da mais-valia, os governos efetuam o pagamento com novos títulos, criados sem nenhuma necessidade de pagamentos sejam de gastos correntes ou de investimentos. Assim, o capital fictício passa a ser remunerado como mais capital fictício, ou lucros fictícios (Carcanholo e Nakatani, 2015, p. 98; Carcanholo e Sabadini, 2015, p. 125).

Após a Segunda Guerra Mundial, as dívidas entre os Estados nacionais cresceram continuamente. Nos países subdesenvolvidos, como o Brasil, o processo de endividamento ocorreu a partir dos anos 1960, tendo sido acelerado na década seguinte dada a liquidez existente no sistema financeiro internacional, gerada pelo surgimento e a expansão dos eurodólares e dos petrodólares.

A maioria dos empréstimos realizados para a América Latina foi estabelecida com base em taxas de juros flutuantes e, assim, quando os Estados Unidos resolveram aumentar sua taxa básica de juros, em 1979, triplicando seu valor, a dívida externa passou a constituir um problema de dimensões antes não pensadas, levando à paralisia ou mesmo à queda do Produto Interno Bruto (PIB) dos países devedores, o que foi chamado de *década perdida*. Nesse momento, os governos converteram as dívidas externas privadas em dívidas públicas, aumentando ainda mais a responsabilidade do Estado. No momento da renegociação das dívidas, o que ocorreu em momentos diferentes em cada país da América Latina, essas foram securitizadas, ou seja, as dívidas contratuais foram transformadas em títulos comercializáveis nos mercados financeiros internacionais.

Completava o quadro de endividamento a dívida contraída pelos Estados para financiarem seus *deficits* orçamentários. Essas dívidas, associadas aos encargos da dívida externa, foram acumulando-se gradativamente entre os anos 1970, 1980 e 1990. Após a crise de 2007/2008, os principais países capitalistas passaram a comprar títulos privados desvalorizados e a financiar empresas em dificuldades, assim, converteu capital fictício na forma de títulos privados em capital fictício na forma de títulos públicos. O procedimento principal foi pela política do *quantitative easing*, ou a criação monetária desenfreada associada à redução da taxa de juros que frequentemente tornaram as taxas reais em taxas negativas.

O capital bancário

Os bancos surgiram com o desenvolvimento do comércio de dinheiro, ou seja, alguns comerciantes de mercadorias, e principalmente os ourives, passaram gradativamente a especializar-se no comércio de uma mercadoria particular: o dinheiro. De início, os comerciantes de dinheiro efetuavam o câmbio comprando e vendendo as diferentes moedas utilizadas, seja entre comerciantes no interior da Europa, seja entre aqueles do Ocidente e do Oriente, nas principais rotas que surgiram após o fim das grandes guerras dos séculos X e XI. A partir das operações de câmbio, os comerciantes de dinheiro passaram a exercer outra atividade, a guarda e proteção do dinheiro excedente ou das reservas dos demais comerciantes, emitindo um certificado de depósito.

Tendo em vista que os certificados de depósito apresentavam maior segurança e facilidade de transporte e de transferência nas estradas medievais infestadas de salteadores e pedágios da nobreza, em comparação com o transporte de vários quilos de ouro ou dezenas de quilos de prata, passaram a circular como se fosse o próprio dinheiro, pelo menos para as grandes transações ou entre regiões relativamente distantes uma das outras. Mais ainda, as transações comerciais começaram a ser concluídas mediante a compensação entre débitos e créditos de vários comerciantes com o mesmo comerciante de dinheiro. Assim, surgiram os fundamentos do dinheiro de crédito contemporâneo, criado pelos bancos e utilizado pela população por meio de cheques ou cartões de débito ou de crédito. Naquele momento, para cada unidade monetária ainda havia a mesma unidade de ouro ou prata depositada com os comerciantes de dinheiro.

Na medida em que essas transações se desenvolveram, o comerciante de dinheiro se deu conta de que seus cofres mantinham sempre um estoque de ouro em depósito que nenhum dos demais comerciantes exigia ou reclamava em troca do certificado de depósito. Talvez o mais esperto (ou mais ganancioso) dentre eles resolvesse emitir mais certificados do que o total de dinheiro sob sua guarda e emprestá-lo cobrando juros a quem tivesse interesse ou necessidade. Quando essa operação se desenvolveu e se generalizou entre todos os comerciantes de dinheiro, eles se transformaram em banqueiros. Dessa forma, surgiu a principal função dos bancos comerciais contemporâneos, a criação secundária de dinheiro por meio do dinheiro de crédito privado bancário. E é precisamente aqui que se origina uma parte do capital fictício bancário, talvez a mais importante.

> O sistema bancário brasileiro, incluindo bancos estatais e privados, com controle nacional ou estrangeiro, tinha um total de ativos na ordem de R$ 8,03 trilhões em junho de 2019, segundo os dados do Banco Central do Brasil. Esse total estava distribuído em apenas 100 bancos, excluídas as cooperativas de crédito e todas as outras instituições que atuam no sistema financeiro. Considerando os dez maiores bancos, eles concentram um total de ativos de

> R$ 6,98 trilhões, ou 87% do total, e os cinco maiores detêm R$ 6,35 trilhões. Entre estes cinco, dois com controle estatal, dois privados nacionais e um privado estrangeiro. Para comparação, o PIB brasileiro, em 2018, foi de R$ 6,83 trilhões (Banco Central do Brasil, 2019).
>
> "A maior parte do capital bancário é, pois, puramente fictícia e consiste em títulos de dívidas (...) títulos da dívida pública (...) e ações (...). E não devemos esquecer que o valor monetário do capital representado por esses papéis nos cofres do banqueiro é, ele mesmo, fictício [...]". (Marx, 2017, p. 527)

A maior parte das pessoas no mundo contemporâneo sequer se apercebe disso, pois imagina que seu dinheiro depositado em conta corrente nos bancos comerciais permanece guardado nos cofres dos bancos. Pura ilusão. O dinheiro depositado, do ponto de vista do depositante, é dinheiro, mas, do ponto de vista do banqueiro, é capital em potencial. Foi o que perceberam os comerciantes de dinheiro da Idade Média: com 100 quilos de ouro em seus cofres podiam emitir e emprestar, por meio dos certificados de depósito, 200, 300 ou mais quilos de ouro, recebendo juros em troca. Essa é igualmente uma das formas iniciais do capital portador de juros.

Com o decorrer do tempo, quando as relações mercantis assumiram cada vez mais o comando da vida das pessoas e o futuro passou a depender da manutenção de alguma reserva na forma monetária, milhares e milhões de famílias passaram a acumular e guardar suas pequenas poupanças nos bancos, sem contar com os pequenos saldos mantidos devido às necessidades individuais de consumo. Assim, os maiores bancos disseminaram milhares de agências por todo território das diferentes nações para captarem e receberem depósitos e poderem centralizar as pequenas poupanças familiares ou sobras temporárias em enormes volumes de capital portador de juros, multiplicado pela criação secundária de dinheiro, ou dinheiro de crédito. Atualmente, as gigantescas corporações bancárias efetuam o mesmo processo, recebendo depósitos em todas as partes do mundo e fazendo empréstimos muito acima do valor depositado, criando, então, capital fictício.

> O sistema bancário contemporâneo desenvolveu uma forma fictícia de criação de dinheiro chamado de *reservas fracionárias*. Para tanto, passou de intermediário entre os depositantes e os tomadores de empréstimos para a criação de seu próprio dinheiro. Como os bancos centrais ainda exigem, cada banco

> deve manter em depósito uma quantidade de capital monetário como reservas junto ao Banco Central. Para cada unidade de reserva, os bancos podem criar mais dinheiro, simplesmente por meio de registros contábeis baseados em contratos de empréstimos. O dinheiro novo é criado como dívida na relação entre o banco e seus clientes. Atualmente, os bancos não necessitam mais receber depósitos para efetuarem empréstimos, não são somente intermediários. Criam dinheiro fictício como dívida e cobram juros.

Marx escreveu *O capital* supondo que o dinheiro ainda era constituído pelo ouro, ou pelo padrão ouro, mesmo sabendo que já existia em circulação o papel moeda conversível e até inconversível de curso forçado.[6] Assim, no capítulo sobre as partes constitutivas do capital bancário, ele mostra que, sobre a base de um pequeno volume de milhares de libras esterlinas de reservas em ouro, erigia-se um ativo de milhões de libras em títulos e créditos bancários, tudo isso, como capital fictício. Nos dias atuais, a única diferença é que não há mais ouro como base e fundamen-

---

[6] "Trata-se, aqui, apenas de papel-moeda emitido pelo Estado e de circulação compulsória" (Marx, 2013, p. 200).

to do capital fictício bancário, pois as reservas são constituídas pelo dinheiro estatal, nacional ou estrangeiro, sem lastro e com curso forçado. Além disso, a ampliação do conceito de base monetária caminha *pari passu* com a criação de capital fictício.

> **A criação do FED**
>
> Em novembro de 1910, o momento era propício para elaborar o projeto de lei que se tornaria o Federal Reserve Act. Uma reunião secreta foi convocada numa estância litorânea da Geórgia chamada Jekyll Island Club, da qual o próprio J. P. Morgan era o sócio coproprietário. A imprensa disse que se tratava de uma expedição de caça ao pato. Os participantes elaboraram formas para manter o sigilo, mas a história registrou exatamente quem lá esteve: Nelson Aldrich, o homem de John D. Rockefeller no Senado; Henry Davison, sócio sênior de J. P. Morgan; Paul Warburg, imigrante alemão e advogado bancário; Frank Vanderlip, vice-presidente do National City Bank; e A. Piatt Andrew, funcionário da CMN e também assistente do presidente William H. Taft na Secretaria do Tesouro (Paul, 2011, p. 34).
>
> A proposta legislativa para a criação do Federal Reserve foi aprovada pela Câmara dos Deputados e pelo Senado Federal em 23 de dezembro de 1913, quando muitos congressistas e senadores já estavam em re-

> cesso. Uma hora depois da votação no Senado, Wilson sancionou e promulgou a lei, convertendo em lei o Decreto do Federal Reserve. (Hagger, 2009, p. 24)

A base monetária é o total de moeda emitido pelos bancos centrais[7] e colocado em circulação por um conjunto de operações que podem ser assim resumidas: pagamento e recebimento das despesas e receitas do governo, compra e venda de moedas estrangeiras, lançamento ou resgate dos títulos da dívida pública, empréstimos para os bancos e outras operações. Cada uma dessas operações corresponde à emissão, no momento da compra ou do pagamento, ou retirada de moeda de circulação, no momento da venda ou do recebimento, e o saldo geral corresponderá à criação de base monetária quando positivo e destruição de base quando negativo. Essas operações são realizadas diariamente pelos bancos centrais,

---

[7] As dificuldades de controle e supervisão dos sistemas bancários fez com que os países capitalistas passassem a centralizar essa tarefa escolhendo algum grande banco privado, como o Banco da Inglaterra. No decorrer da primeira metade do século XX, os principais países estatizaram esses bancos convertendo-os em bancos centrais, menos os EUA onde o FED até hoje é um banco privado. O Brasil criou seu Banco Central em 1964.

em todos os dias úteis do ano, portanto, a base monetária não é constituída por um montante fixo de moeda que varia de tempos em tempos, mas varia continuamente durante todos os dias e ao longo do dia. A partir dessa criação primária, o sistema bancário cria mais moeda, emprestando não só a parte dos saldos das contas correntes, como os primeiros banqueiros com seus depósitos de ouro, mas também multiplicando por um sistema chamado de *reservas fracionárias*. Assim, o dinheiro dos depositantes é transformado em crédito, o dinheiro de crédito bancário. Devemos destacar que o crédito traz implícito o débito, ou uma dívida. Dessa forma, nos dias de hoje, todo dinheiro criado pelos bancos centrais e pelos bancos comerciais constitui-se em dívida.

Convencionou-se chamar de M1 a soma daquela parte da base monetária retida pelo público, sob a forma de cédulas e moedas, mais os depósitos à vista. Esta parte já sofreu um incremento decorrente de parte dos créditos bancários que, como vimos, é criação de capital fictício. A expansão do sistema bancário coloca em seus ativos títulos de dívida privada, que somadas ao M1 e aos depósitos de poupança, foi chamado de M2. Somando-se a isso os ativos aplicados em títulos da dívida pública, sob diferentes formas de aplicação, vão constituir o M3 e o M4, que cresce continuamente como capital fictício principalmente pelo aumento da dívida pública. O total do M4 é chamado de base monetária ampliada.

O capital acionário

A necessidade de volumes maiores para a acumulação de capital fez com que surgissem empresas sob a forma de sociedade anônima (S/A). Esse tipo de empresa é constituído por vários sócios e nenhum é responsável direto por ela, como ocorre nas empresas individuais. Seu capital é constituído por ações e cada um dos sócios (acionista) adquire uma parte das ações. Assim, se uma empresa é formada com um capital de R$ 100 milhões, com ações com um valor nominal de R$ 1,00 cada, se forem dez acionistas, cada um poderá adquirir R$ 10 milhões em ações, de forma que todos terão peso igual no processo decisório. Realizados os investimentos e a constituição efetiva da empresa, o capital aparecerá duplicado, como capital real, físico, e como capital acionário, aparentemente como títulos de propriedade, mas, efetivamente, como títulos de rendimento – os dividendos.

O mercado acionário brasileiro funciona na BM&FBovespa, fusão da Bolsa de Valores de São Paulo (Bovespa) com a Bolsa Mercantil e de Futuros. O número de empresas cotadas na bolsa era relativamente reduzido, cerca de 400 (quatrocentas) em outubro de 2019, segundo a BM&FBovespa. O valor de mercado ou valor acionário atingiu R$ 3,23 trilhões contabilizando 343 empresas, em setembro de 2019. O volume médio diário de negócios secundários, ou seja, a compra e venda de ações que já estão no mercado, atingiu R$ 14,6 bilhões, estimados até agosto de 2019. Há cinco anos, em 2015, o volume médio diário era de apenas R$ 6,1 bilhões. O lançamento de novas ações, em 2019, cresceu para R$ 271,8 bilhões, em comparação com os R$ 169,8 bilhões, em 2015. Após a fusão, a BM&FBovespa passou a negociar *commodities*, moedas, derivativos e Fundos. Assim, os negócios em derivativos de dólar, ibovespa e DI futuro (DI – Depósitos interfinanceiros de um dia) passaram de 399 milhões de contratos, em 2015, para 366 milhões até agosto de 2019.

O capital estrangeiro tem um peso muito grande na BM&FBovespa. O volume de negócios acumulado até agosto de 2019 foi de R$ 1,48 trilhão, uma média diária de R$ 8,7 bilhões, na soma das entradas mais as saídas diárias de capital na bolsa. A posição de carteira, ou seja, o saldo das aplicações em ações, fundos de investimentos e todos os tipos de derivativos, chegou a R$ 2,41 trilhões. Em ações e títulos de

> participação no capital das empresas, o saldo passou de R$ 1 trilhão (BM&FBovespa, 2019). (Comissão de Valores Mobiliários, 2019)

Entretanto, uma das características das sociedades anônimas é a possibilidade de se comandar uma grande massa de capital sendo proprietário de apenas uma parte pequena dela. Isso ocorre devido à possibilidade de emissão de dois tipos de ações, as ordinárias e as preferenciais. A primeira dá ao seu possuidor o direito de voto nas assembleias e decisões da empresa e a segunda não; em compensação, seus proprietários têm prioridade no recebimento dos lucros distribuídos e dos dividendos. No exemplo anterior, as ações poderiam ser divididas nesses dois tipos, metade na forma de ordinárias e metade de preferenciais; assim, com R$ 25 milhões mais uma ação ordinária, qualquer dos acionistas teria o total controle dos R$ 100 milhões de capital da empresa.

Constituída a empresa como uma sociedade anônima de capital aberto, parte das ações pode ser vendida na bolsa de valores. Ao serem oferecidas, segundo as características e condições particulares da empresa, o preço das ações pode ser igual ao valor nominal, menor ou maior. Uma empresa cujas características oferecem a possibilidade de pagamentos elevados de dividendos tem o preço de suas ações fixado acima de seu valor nominal, e quanto maior for a lucratividade dela, maior será a diferença entre o valor nominal e o preço de mercado. Suponhamos que a empresa do exemplo acima ofereça R$ 20 milhões de suas ações ordinárias na bolsa com a promessa de pagamento de dividendo a uma taxa acima da taxa média de juros. Se a taxa de juros for de 5% e a dos dividendos de 10%, o preço de cada ação poderá chegar ao dobro do preço nominal, pois seria necessário aplicar a juros o dobro do capital aplicado em ações para se obter o mesmo rendimento. O preço fixado na Bolsa sobre 20% das ações é estendido às demais ações e, assim, o capital total em ações da empresa se *duplica*. Esse aumento nada mais é do que capital fictício, e o total das ações passa a ter seu preço cotado a R$ 2, transformando o capital acionário de R$ 100 milhões para R$ 200 milhões; esse montante é atualmente chamado de valor acionário.

É importante que se diga que o preço de mercado não depende somente da taxa de rendimento esperada de cada ação, pois os especuladores intervêm fortemente nas bolsas de valores comprando quando esperam que o preço aumente ou vendendo antes que o preço caia. A maior parte dos especuladores compra ações não para receber o dividendo, mas para obter ganhos de capital com a variação no preço delas, para o caso das *stock options*.

Os derivativos
Os derivativos são títulos derivados de outros títulos, por exemplo, uma financeira faz um empréstimo para alguém comprar um automóvel e, com base na fatura, ela emite uma letra de câmbio que é vendida no mercado financeiro com prazo igual ao do empréstimo. Quando o empréstimo vence e o devedor paga a dívida, a financeira pode resgatar a letra de câmbio que está vencendo no mesmo prazo. Esse mecanismo não constitui, em si, uma novidade, pois existe há muito tempo. O que existe de novo é a multiplicação de derivativos, sua utilização das mais diferentes formas e o furor com que se expandiu esse mercado após a desregulamentação dos mercados financeiros internacionais, nas duas últimas décadas.

Os derivativos são divididos em dois grupos principais: *hedge* e *swap*. Ambos supõem uma transferência do risco sobre a tendência desconhecida dos preços que irão vigorar no futuro. No primeiro, alguém procura proteger-se de um evento futuro, por exemplo, um produtor de café vende hoje o produto da colheita que deve conseguir em seis meses. Assim, se protege de uma possível queda de preço no momento da safra e para tanto deve encontrar um especulador que aposte no aumento do preço. Se o preço efetivamente cair, o produtor ganha, ou deixa de perder, e o especulador perde. Se o especulador acertar e o preço subir, ele ganha. Esse é o mecanismo básico que existe há séculos nas bolsas de mercadorias e geralmente implicava a entrega efetiva do produto no vencimento do contrato. Mas se o especulador não quiser correr todo o risco, ele pode procurar outro especulador que esteja apostando na baixa e fazer um contrato oposto, com pequena diferença nos valores. Assim, ele se protege do risco transferindo-o para o segundo especulador que pode transferir novamente para um terceiro. A partir daí, criou-se a ilusão de que, com a diluição e transferência dos riscos, eles desapareceriam.

Mas as inovações não pararam aí: dos negócios nos quais eram entregues efetivamente a mercadoria, o mercado de derivativos evoluiu para a pura especulação financeira, um grande *cassino global*, como já foi denominado. A maior parte dos negócios com derivativos é efetuada entre vendedores de café que não produzem café e compradores de café que nem querem saber de café, nem de boi gordo, de soja, de milho, de trigo, de petróleo e assim por diante. Todos querem apenas apostar na variação futura dos preços dessas *commodities* e tanto os vendedores quanto os compradores são especuladores, ao contrário do que dizem os defensores da especulação financeira. Para eles é que existem os *hedgers* (aqueles que hipoteticamente buscam proteção), e especuladores. Das *commodities*, os derivativos generalizaram-se para todo e qualquer produto: moedas, índices, taxas de juros, tudo que seja passível de um contrato de compra e venda no futuro. Atualmente, segundo os dados do Bank of International Settlements (BIS), as principais apostas se concentram em variações das taxas de juros.

As operações de *swap* têm o mesmo fundamento que as de *hedge*, mas supõem que os dois contratantes procuram transferir riscos diferentes de um para o outro. Por exemplo, um importador brasileiro tem uma dívida de US$ 1 milhão a pagar ao seu fornecedor nos Estados Unidos, no prazo de seis meses, e um importador estadunidense tem uma dívida de R$ 2 milhões a pagar ao seu fornecedor brasileiro. Supondo uma taxa de câmbio de R$ 2 por dólar, eles podem trocar a dívida entre si: o importador brasileiro paga a dívida do estadunidense em reais e vice-versa, sem nenhum custo adicional além dos administrativos e fiscais, e escaparem do risco cambial. Surge, de novo, a ilusão da supressão dos riscos futuros. Como a variação da taxa de câmbio não desaparece, uma mudança dos R$ 2 por dólar para R$ 2,20 implica que o brasileiro deixou de perder, mas o americano deixou de ganhar. Alguém poderia entrar no meio da operação para obter para si essa diferença cambial. Um apostador poderia comprar as duas dívidas à taxa de R$ 2,00 por dólar e efetuar os pagamentos devidos nos prazos e embolsar 10% brutos. Todas essas operações passaram a ser comercializadas nas bolsas mercantis e futuros e nas bolsas de valores, que se encarregam de encontrar os especuladores nas duas pontas da transação.

No Brasil, ganharam notoriedade e grande espaço na imprensa os *swaps* cambiais e os *swaps* cambiais reversos criados pelo Banco Central, aparentemente pelo exotismo desses nomes. Na realidade, o Banco Central do Brasil passou a ser banqueiro da especulação cambial no mercado futuro, no qual os especuladores apostam na alta ou na baixa da taxa de câmbio. Quando os especuladores apostam na desvalorização do real, compram contratos de *swap* cambial, dólares no mercado futuro, a uma taxa próxima da atual. Se ocorrer efetivamente uma desvalorização, eles ganham. Naturalmente, eles não acreditam nas forças impessoais e livres do mercado e costumam entrar com força no mercado de balcão nas datas de fechamento dos contratos, pressionando para a desvalorização do real. O mesmo ocorre com o *swap* cambial reverso, mas de maneira oposta. Esses negócios são efetuados pela BM&FBovespa, que efetua diariamente o cálculo de ganhos e perdas desses contratos e transfere os resultados entre ganhador e perdedor.

As operações com derivativos podem ser efetuadas no mercado a termo ou futuro (estes são muito parecidos) ou de opções, mas podem ocorrer várias formas de combinações. Por exemplo, é possível vender ações ou títulos sem tê-los, assim como comprar sem que se queira. Mas a grande jogada é a possibilidade de fazer apostas bilonárias com apenas 2%, 3%, 5% ou no máximo 10% do valor dos contratos. Com isso, tornou-se impossível estimar o volume de negócios nos mercados de derivativos por todo o mundo. Para tanto, criou-se uma expressão, *valor nocional*, que indica que os negócios nesse gigantesco cassino financeiro mundial não são efetuados pelo montante total dos contratos, mas apenas por uma parte, e são saldados apenas pela sua variação.

Devemos destacar que não podemos simplesmente somar as diferentes formas de derivativos para não contarmos duas vezes ou mais o mesmo contrato. Por exemplo, os títulos da dívida pública como capital fictício podem estar nos ativos bancários, que constituem também capital fictício, assim como as ações e moedas.

A alienação da forma capital e um novo fetiche: as criptomoedas

O capital é o grande fetiche da era moderna: mesmo não tendo superado todos os deuses, continua a compartilhar o comando da vida das pessoas com as diversas seitas, religiões e igrejas presentes na sociedade atual. Entretanto, é o senhor principal das vidas de todas as pessoas, ricas ou pobres, religiosas ou não. Nessa condição, o comando sobre nossas vidas é mediado particularmente pela forma dinheiro que tem uma existência concreta e formas históricas particulares. Assim, o dinheiro aparece como o principal fetiche, escondendo e escamoteando o próprio capital e a relação de exploração do trabalho pelo capital.

> Quando atribuímos algum poder ou propriedade mágica, mitológica, sobrenatural e até sexual para algum objeto, ou ideia, ele se torna um fetiche que se afasta de nós e passa a nos dominar através dessas propriedades mágicas. Eles passam a ter uma existência autônoma e independente e comandam nossas vidas devido nossas crenças. No capitalismo, as mercadorias, o dinheiro e o capital foram convertidos em fetiches. Eles representam a riqueza e o poder de domínio sobre outras pessoas como se fosse algo próprio, natural, e o capital em sua forma mais desenvolvida apresenta um poder, uma capacidade de produzir mais riqueza sem nenhum esforço, simplesmente pela sua existência. "O dinheiro tem agora amor no corpo. Tão logo é emprestado [...] crescem seus juros, não importando se ele dorme ou está acordado, se está em casa ou viajando, se é dia ou noite". (Marx, 2017, p. 443)

Em 2009, um personagem, Satoshi Nakamoto, que até hoje não se conhece sua identidade real, se é que é uma pessoa, um grupo ou uma empresa secreta com esse pseudônimo, lançou uma ideia: o *bitcoin* (Nakatani e Mello, 2018). Uma moeda virtual, ou criptomoeda, criada sem supervisão nem controle de nenhum governo ou de qualquer banco central. Foi um grande sucesso. O esquema permitia que qualquer pessoa com um computador, ou equipamentos próprios, pudesse *minerar bitcoins*, sintomaticamente relembrando a antiga atividade de mineração. Foi uma nova corrida do ouro. Os primeiros *bitcoins* foram vendidos a poucos centavos de um dólar cada, em 2010. Seu preço chegou a US$ 19.499, em dezembro de 2017, e caiu para US$ 8.180 em 8 de outubro de 2019, configurando assim um mercado altamente arriscado e especulativo, além de funcionar como uma *pirâmide financeira*, em que os últimos que entram no mercado pagam todos os ganhos daqueles que começaram a participar antes.

Com o sucesso inicial, a mineração de *bitcoin*s passou a exigir uma grande massa de capital, trabalhadores especializados e um elevadíssimo consumo de energia. Foram criadas *fazendas* ou *fábricas* de mineração nas quais foram instaladas centenas ou milhares de poderosas placas de vídeo adaptadas para a mineração, um componente utilizado nos computadores destinados aos aficionados por *videogames*. A grande procura por essas placas especializadas provocou um grande aumento em seus preços. Enfim, a produção de *bitcoins* simula a produção de mercadorias exatamente na mesma forma do ciclo D-M...P...M'-D', com a especificidade que M' é chamado de moeda virtual, como se a mercadoria não precisasse ser vendida, podendo ser acumulada por si mesma.

O processo de mineração, a rigor, é um procedimento quase que automático, em que os processadores das placas de vídeo de todos aqueles que estão entrelaçados em uma rede virtual *trabalham* na solução de problemas ou fórmulas matemáticas (algoritmos) cada vez mais complexos, tornando a mineração cada vez mais árdua e com um limite. Nas fazendas de mineração, os milhares de processadores instalados em galpões refrigerados, supervisionados pelos trabalhadores, *trabalham* incessantemente. Resolvido o problema matemático, cada participante recebe uma porcentagem dos novos *bitcoins* criados de acordo com a sua contribuição na solução e isso é registrado, ou creditado, no *blockchain*,[8] exatamente como os créditos em moeda em nossas contas bancárias. Isso que é muito diferente dos processos concretos da mineração de ouro. Com isso, cada participante desse mercado pode negociar entre si os *bitcoins*, mas trocar *bitcoin* por *bitcoin* não tem nenhum sentido, nem lógico e nem prático. Para funcionar no mundo real, o *bitcoin* deve ser convertido em alguma moeda nacional à taxa de câmbio do momento da conversão, ou seja, concluir o ciclo M'-D'. Acumular a riqueza na forma de *bitcoins* pode ser uma alternativa, mas, até o momento, a única forma possível e inteligível de aproveitar e usufruir dessa *nova forma de riqueza fictícia* é por meio da metamorfose de *bitcoins* em dólares, libras, euros ou reais. Em nossa economia contemporânea, o *bitcoin* está funcionando exatamente como uma espécie de capital fictício, que não rende juros, mas ganhos ou perdas de capital, pela variação de seus preços

---

[8] O *blockchain* é uma espécie de livro razão, que é reproduzido em cada um dos computadores da rede virtual com os proprietários dos *bitcoins* e suas operações de compra e venda.

nas diferentes moedas. Funciona, também, como um fetiche para todos aqueles que estão em busca de mais riqueza sem quase nenhum esforço.

Na esteira do sucesso do *bitcoin*, foram criadas centenas, mais de mil diferentes moedas virtuais ou criptomoedas, com diferentes mecanismos e até simulando o antigo padrão ouro, com conversibilidade em uma mercadoria, como o *Petro*, ou até o ouro, como o *hayekgold*. Muitos acreditam que as criptomoedas substituirão as atuais moedas nacionais, outros acham que não passam de diferentes formas de pirâmides financeiras para espoliar os incautos. Enfim, podemos dizer que não passa de mais um fetiche, criado com grande esforço, meios de produção e força de trabalho, para produzir registros contábeis e virtuais nas redes de computadores.

3. A ONIPRESENÇA DO CAPITAL PORTADOR DE JUROS

O retorno do capital portador de juros

Na imprensa falada e escrita, nas redes sociais, no ambiente de ensino e pesquisa, e mesmo nas confraternizações etílicas de colegas e amigos ao final do trabalho ou expediente, tornou-se lugar comum dizer que o mundo está financeirizado. As evidências que reforçam essa apreensão da realidade são muitas: vão da marca de bancos nas camisetas dos craques do futebol e de atletas de outras modalidades de esporte ao conjunto de salas de cinemas que levam seus nomes, passando pelo crescente nível de endividamento das famílias, pela força dos acionistas em pressionar o aumento do preço dos combustíveis quando da elevação do preço do barril de petróleo, entre inúmeras outras. E na academia, quem ainda não estava convencido sobre isso começou a falar da financeirização e a tentar incorporá-la em suas análises a partir da crise da *subprime*, nos Estados Unidos, em 2007-2008. Há quem diga, inclusive, que a vida, considerando-se seus aspectos sociais, econômicos, afetivos e espirituais, tornou-se financeirizada e movida pela lógica pretensamente racional do neoliberalismo (Dardot e Laval, 2016).

E não é por acaso que isso acontece. Perceber que nossa realidade se tornou financeirizada é apenas expressão do fato de, no capitalismo contemporâneo, o capital portador de juros (ou a juros), especialmente na sua forma de capital fictício, dominar ou determinar as relações econômicas e sociais dos países e do mundo. Essa não é a primeira vez que esse capital assume essa posição. O mesmo ocorreu ao final do século XIX e início do século XX, somente tendo sido substituído pelo chamado capital industrial[9] no imediato pós-Segunda Guerra Mundial, quando um conjunto de fatores econômicos, sociais e políticos determinou sua centralidade no processo de acumulação do capital e impediu a plena li-

---

[9] Embora assim chamado por Marx, trata-se do capital envolvido na produção de mercadorias. Por isso, no sentido contemporâneo, teria que contemplar também o capital associado aos serviços.

berdade de desenvolvimento do capital portador de juros, o que foi viabilizado pelo Acordo de Bretton Woods (Wachtel, 1988, cap. 2 e Eichengreen, 2000, cap. 4) e pelo estabelecimento de regras e procedimentos dos sistemas financeiros nacionais e de suas inserções no mercado internacional.

O retorno do capital portador juros se colocou quando as bases para a reprodução ampliada do capital, que passaram a vigorar depois de finda a Segunda Guerra Mundial, esgotaram-se relativamente. Isso começou a se manifestar nos Estados Unidos (EUA) ao final dos anos 1960 e nas principais economias europeias na metade dos anos 1970: enquanto a taxa de produtividade começou a apresentar queda, os salários reais mantiveram sua trajetória ascendente, resultando em queda da taxa de lucro e inibindo o investimento. Instalada a crise, que provocou o fechamento de empresas e bancos e a volta do desemprego (que havia sido esquecido pelos trabalhadores durante 30 anos depois de finda a Segunda Guerra Mundial), e mediante a ineficácia de políticas keynesianas anticíclicas para fazer frente a ela, foi retomado o pensamento liberal sobre os princípios norteadores da política macroeconômica e sobre o papel ou lugar do Estado. Esse pensamento, na sua forma mais acabada e radicalizada, é o que se convencionou chamar de neoliberalismo. De forma resumida, podemos dizer que isso significou atribuir ao mercado a centralidade na determinação da economia, o que implicava, necessariamente, promover a desregulamentação de todos seus componentes, tais como o mercado de trabalho, a proteção social, o sistema financeiro, entre outros.

A dominância do capital portador de juros na economia contemporânea e o desenvolvimento do capital fictício foi resultado de vários fatores. Entre eles, se destacam: a) o papel dos Estados Unidos e da Inglaterra na desregulamentação financeira, na descompartimentalização dos mercados financeiros nacionais e na desintermediação financeira, condição sem a qual não haveria essa dominância; e b) a adoção de políticas que favoreceram a centralização dos fundos líquidos não reinvestidos das empresas e das poupanças das famílias.

Em termos institucionais, pode-se dizer que as condições para desregulamentação financeira foram iniciadas quando foi criado, em 1958, o *off-shore* na City de Londres, um mercado interbancário, com estatuto próximo a um paraíso fiscal, formado a partir de capitais líquidos registrados em dólares. Segundo Chesnais (2005), sua criação constituiu a primeira base de operação internacional do capital portador de juros, dando origem ao mercado de eurodólares.

Durante alguns anos sua importância foi, contudo, pequena. Mas a partir do momento em que os Estados Unidos começaram a registrar *deficits* em sua balança comercial, a existência do *off-shore* permitiu a manutenção de uma demanda elevada de dólares. Assim, mesmo que os Estados Unidos tenham introduzido, em 1963, modalidades de controles de capital, a existência de um mercado interbancário com as características daqueles criados na City de Londres era *funcional*, permitindo que mantivessem uma política monetária autônoma, apesar dos constrangimentos externos.

De outro ponto de vista, entretanto, a constituição de um mercado financeiro que não seguia as normas e regulamentações vigentes no plano nacional e internacional terminou por destruir o sistema criado pelo Acordo de Bretton Woods, firmado em julho de 1944 (onde foi definido que o dólar seria conversível em ouro na proporção de U$ 35 por onça *troy*, isto é, aproximadamente 31,1 gramas, que a moeda de referência internacional seria o dólar e que as demais deveriam estabelecer uma taxa de câmbio, em relação ao dólar, que funcionaria sob o regime de taxas fixas, com a possibilidade de variação em +/- 1%, entre outras medidas). Em 1971, era tal o volume de dólares e eurodólares que o então presidente dos Estados Unidos, Richard Nixon, decretou o fim da conversibilidade do dólar em ouro. A partir daquele momento, os Estados Unidos perderam toda e qualquer restrição externa com relação ao desempenho de sua balança comercial. Ainda no mesmo ano, foi firmado o Acordo Smithsoniano, no qual o dólar foi desvalorizado em 7,9% em relação ao ouro e foram ampliadas as margens (para mais e para menos) de sua flutuação. Nesse momento, ainda, o regime de câmbio fixo foi mantido. Em 1973, contudo, os países europeus tentaram fazer suas moedas flutuarem em relação ao dólar de maneira ordenada e conjunta, o que foi chamado de *serpente monetária*. Aos poucos, os países economicamente mais fracos foram abandonando a serpente até que o regime de câmbio flutuante se impusesse em cada país.

Durante todo esse período, os eurodólares não deixaram de se expandir. Em parte, porque eram alimentados por lucros não repatriados e não reinvestidos de empresas transnacionais estadunidenses. Isso foi particularmente marcante no momento em que o regime de acumulação do pós-guerra começou a manifestar seu esgotamento, o que aconteceu primeiramente nos Estados Unidos ao final dos anos de 1960.

Em 1974, os Estados Unidos suprimiram as regulamentações e taxas que isolavam seu sistema financeiro e principalmente impediam a arbitragem bancária entre os mercados interno e o externo (leia-se o mercado de eurodólares). Essas medidas resultaram na maior mobilidade dos capitais entre os Estados Unidos e o resto do mundo, fundadas na descompartimentalização dos mercados financeiros nacionais.

A acumulação financeira, isto é, a centralização dos lucros não reinvestidos e das poupanças das famílias em instituições financeiras com o objetivo de valorizá-los sob a forma de aplicação em ativos financeiros (moedas, obrigações e ações), teve início durante os anos de 1950, nos Estados Unidos e na metade dos anos de 1960, na Europa. Dessa forma, foi durante o período chamado de 30 anos dourados, que compreendeu o imediato pós-Segunda Guerra Mundial até meados dos anos de 1970, que teve início o processo de acumulação financeira. Tomando emprestada a ideia de Ingmar Bergman, o ovo da serpente estava sendo gestado mesmo quando o capital produtor de mercadorias era quem estava no comando da dinâmica capitalista.

> O capital se movimenta de forma cíclica, com períodos de expansão e de crise. Um dos determinantes da crise é a superacumulação de capital, que acompanha a concentração e a centralização dos capitais e pressiona para baixo a taxa de lucro. Os momentos de crise são aqueles em que o capital se livra de suas escórias, daquela parte ineficiente e pouco produtiva. Com exceção das duas grandes guerras em que ocorreram a destruição maciça de capital em sua forma física, nos outros momentos as crises costumam desvalorizar o capital em sua forma dinheiro. Essa é uma das razões pela qual as crises do capital aparecem como crises financeiras.

No caso dos Estados Unidos, a legislação – em parte implementada pelo governo Roosevelt – incentivava as famílias mais abonadas a aplicarem parte de suas rendas em seguros de vida e viabilizava o desenvolvimento de fundos de pensão em regime de capitalização, o que resultou em elevado acúmulo financeiro. Segundo a Organização para a Cooperação e Desenvolvimento Econômico (OCDE), os ativos das seguradoras apareciam em primeiro lugar no *ranking* dos investidores institucionais, seguido pelos fundos de pensão. Esses últimos somente foram superados pelas sociedades de investimento em 1999. Um outro fator bastante importante na formação da acumulação financeira foi o fato de os assalariados passarem a receber seus salários pelo sistema bancário. Dessa forma, um volume considerável de dinheiro líquido, que antes não estava disponível, afluiu em direção aos bancos. Tal como vimos na parte referente ao capital bancário, os saldos dos assalariados permitiram que os bancos ampliassem sua escala de crédito. Mais tarde, com a desregulamentação financeira, isso passou a lastrear suas aplicações de curto e curtíssimo prazo.

Depois dos eurodólares, o momento seguinte do processo de acumulação financeira foi o da *reciclagem* dos petrodólares, o que aconteceu a partir da crise do petróleo de 1973. As somas resultantes do aumento do preço do barril do petróleo, que passou de mais ou menos US$ 3 para US$ 12 o barril, foram aplicadas na City pelos potentados árabes e sua reciclagem tomou a forma de empréstimos dos bancos internacionais a governos do Terceiro Mundo, principalmente da América Latina. Essa é a origem, junto aos eurodólares, da dívida externa dos países do Terceiro Mundo. Essa dívida cresceu exponencialmente a partir do momento em que os Estados Unidos decidiram aumentar sobremaneira a sua taxa básica de juros em 1979. Na medida em que essa taxa de juros é referência para todas as demais, os juros internacionais se elevaram e a dívida externa da América Latina, que havia sido contraída a taxas de juros flutuantes, foi, da noite para o dia, elevada às alturas, inviabilizando inclusive o pagamento do serviço da dívida. A *solução* encontrada pela maioria dos países devedores foi realizar novos empréstimos, agora junto ao FMI, o que aumentou ainda mais o montante da dívida.

Mas foi nos países centrais onde a dívida pública apresentou um crescimento verdadeiramente considerável. Recurso sempre utilizado pelos Estados, foi largamente ampliada quando a economia passou a registrar fraco crescimento e inflação elevada, período em que expressivos *deficits* orçamentários foram registrados. Dada a impossibilidade da redução dos gastos públicos, principalmente os de natureza social (a proteção social construída após a Segunda Guerra Mundial ainda não tinha sofrido nenhum tipo de reforma), e do fraco desempenho das receitas tributárias, os Estados tiveram que acelerar o seu endividamento via lançamento de títulos públicos.

Dessa forma, a formação dos mercados de obrigações liberalizados respondeu às necessidades tanto dos governos, especialmente dos países industrializados, quanto das instituições que centralizavam a poupança (das empresas e das famílias). Em contrapartida, a constituição de um mercado de obrigações aberto aos investidores estrangeiros permitiu o financiamento dos *deficits* orçamentários mediante a colocação de bônus do Tesouro e outros compromissos da dívida no mercado financeiro. Esse processo é chamado de securitização da dívida pública, conversão de dívidas contratuais em dívida em títulos, e foi um dos resultados das renegociações das dívidas externas dos países devedores.

Nos Estados Unidos e no Reino Unido, pela primeira vez, foram reunidas as condições políticas e sociais que permitiram aos investidores institucionais (seguradoras, fundos de pensão, fundos coletivos de aplicação e bancos que administram sociedades de investimento) se aproveitarem da política monetária que sustentava uma taxa de juros elevada e de se beneficiarem da liberalização e da desregulamentação das operações de aplicação e de movimento dos capitais. Mas a partir de 1984-1985, todos os outros países do G7 (Estados Unidos, Japão, Alemanha, Reino Unido, França, Itália e Canadá) passaram a financiar seus *deficits* orçamentários com títulos negociáveis no mercado financeiro (Chesnais, 2005, p. 40).

O processo de securitização, a elevação da taxa de juros e a liberação do movimento dos capitais beneficiaram de imediato os fundos de pensão, ávidos por aplicarem o volume de recursos acumulados em décadas. Mas essa atratividade rapidamente interessou aos demais investidores institucionais. Ao mesmo tempo, a desregulamentação do mercado financeiro permitiu que os ativos (divisas, obrigações e ações) fossem vendidos a qualquer tempo, o que acelerou o descolamento em relação à economia chamada real (geradora de mercadorias, de emprego e de renda originária da produção de bens e serviços). Contudo, os títulos da dívida pública, principalmente dos países mais bem situados na hierarquia capitalista, terão preferência em relação às ações em momentos de turbulência e incerteza.

Essa formidável acumulação financeira estava cerceada em sua liberdade pelas normas vigentes criadas no período do pós-Segunda Guerra Mundial no tocante ao sistema financeiro internacional e nacionais. Mas quando problemas começam a se colocar nos fundamentos da reprodução capitalista, isto é, na evolução de sua taxa de lucro, a situação começa a se alterar. Vejamos como se apresenta a evolução dessa taxa e de outras.

Os Gráficos 1, 2 e 3 mostram, respectivamente, a tendência da taxa de lucro não financeira dos Estados Unidos para o período 1951-2008, as curvas da taxa de lucro e da produtividade dos EUA, Japão, Alemanha, França, Reino Unido,

Itália (médias ponderadas segundo o PIB) e as curvas da taxa de lucro e da acumulação (entendida como a da formação bruta do investimento) para o período 1960-2012. Note-se que, para os EUA, a taxa de lucro apresenta-se descendente no período, particularmente desde o final dos anos de 1960. Já para o conjunto formado pelos EUA, Japão, Alemanha, França, Reino Unido e Itália,

> a taxa de lucro volta a subir na metade dos anos 1980, chamando atenção o fato de a taxa da produtividade continuar a decrescer e o investimento (formação bruta do capital; taxa de acumulação), que anteriormente acompanhava *pari passu* a evolução da taxa de lucro, apresentar trajetória oposta. Parte dos lucros não distribuídos foi, assim, dirigida para o mercado de ativos, alimentando seu crescimento descomunal. (Marques e Andrade, mimeo)[10]

---

[10] Não se trata de uma *escolha de portfólio*. O aparente paradoxo entre o comportamento da taxa de lucro e da taxa de acumulação (formação bruta do capital) indica que o capitalismo não conseguiu ainda restabelecer as condições necessárias para uma retomada de um investimento contínuo. E, ao não acontecer isso, a presença de um mercado financeiro que garante alta rentabilidade retroalimenta a evolução em direção contrária, entre a taxa de lucro e do investimento (Marques e Andrade, mimeo).

Gráfico 1 Taxa de lucro não financeiro dos EUA

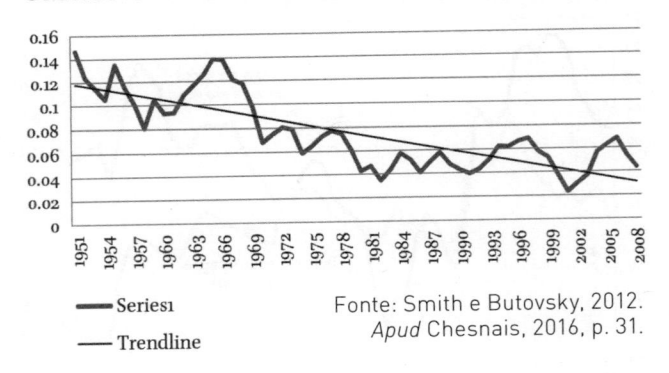

━━ Series1
─── Trendline

Fonte: Smith e Butovsky, 2012. *Apud* Chesnais, 2016, p. 31.

Gráfico 2 Taxa de lucro e taxa de produtividade

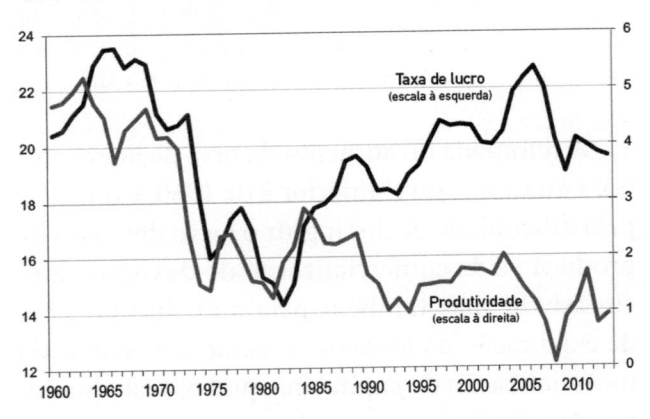

Taxa de lucro (escala à esquerda)
Produtividade (escala à direita)

Dados: EUA, Japão, Alemanha, França, Reino Unido, Itália (médias ponderadas segundo o PIB). Fonte: OCDE. Extraído de Husson, 2014.

Gráfico 3 Taxa de lucro e taxa de acumulação

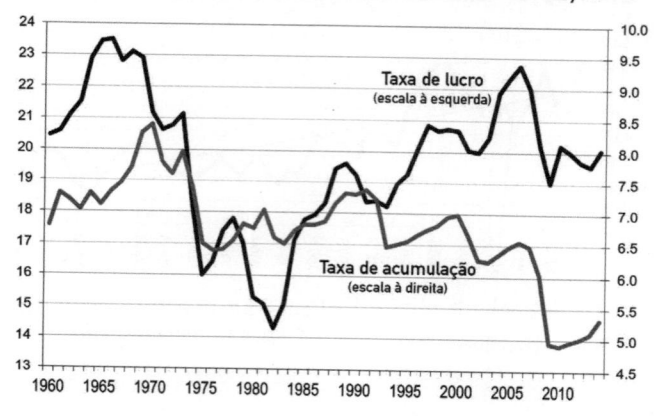

Dados: EUA, Japão, Alemanha,
França, Reino Unido, Itália
(médias ponderadas segundo o PIB).
Fonte: OCDE. Extraído de Husson, 2014.

A retomada do aumento da taxa de lucro, embora ainda em nível inferior à de 1960, explica-se pela dificuldade de distinguir o lucro derivado da produção e da comercialização do das aplicações em ativos, mas também pelo aumento do grau de exploração da força de trabalho decorrente da mundialização do capital, na qual os trabalhadores enfrentam um grau de concorrência muito mais acentuado do que anteriormente, quando partes importantes do globo eram interditadas ao capital. É preciso lembrar que, entre as consequências da livre mobilização do capital no capitalismo contemporâneo, encontram-se a redução dos salários reais e a piora nas condições de trabalho, inclusive com aumento da jornada de trabalho efetiva de parte significativa dos ocupados. Já a evolução negativa da produtividade, a despeito da introdução de máquinas e equipamentos com base técnica na microeletrônica, bem como de novas formas de organização do trabalho, deve-se ao fato de essa reestruturação ter ocorrido em um quadro de restrição da demanda, de modo que segmentos importantes operam com elevada taxa de ociosidade no plano mundial.

Instalada a crise, na metade dos anos de 1970, os Estados Unidos e a Inglaterra deram início ao processo de desregulamentação que deu origem à expansão desenfreada do capital portador de juros, especialmente em sua forma de capital fictício. Essa desregulamentação, tratada na literatura especializada como os três *Ds*, implicou "a desregulamentação ou liberalização monetária e financeira, a saber, a abertura de operações de empréstimos, antes reservadas aos bancos, a todo tipo de investidor institucional" (Chesnais, 2005, p. 46).

O funcionamento da economia sob a desregulamentação e algumas implicações da dominância do capital portador de juros[11]

Tal como descrito acima, durante o período de vigência de Bretton Woods formaram-se, no sistema financeiro internacional, gigantescas massas de capital dinheiro em busca de valorização, que eram dificultadas pelas normas, regras, restrições e controles nos diferentes países. No momento em que é findo o acordo de Bretton Woods, instalam-se a desregulamentação e a liberação dos movimentos e fluxos de capitais por todo o mundo. Assim, com o fim do regime de taxas fixas de câmbio, os fluxos de capital foram sendo desregulados até a plena liberalização por quase todo o mundo, formando mercados integrados de moedas e capitais que, com o avanço das redes de computadores, permitiram a realização de negócios entre vários países quase em tempo real. Ao mesmo tempo, aceleraram as transferências de capitais de uma parte para outra do mundo, cujos mercados financeiros integrados funcionam durante as 24 horas do dia.

---

[11] Em relação às implicações, os autores se valeram de extratos de Marques e Andrade (mimeo).

A gestão desses capitais passou a ser feita pelos fundos de investimentos, pelos fundos de *hedge* ou por instituições bancárias que, por um lado, captavam recursos de empresas, de outras instituições como os fundos de pensão e de qualquer pessoa física que dispusesse de alguma poupança individual; por outro, buscavam todas as formas possíveis de aplicações que oferecessem o melhor rendimento. As empresas passaram a ser administradas com base na governança corporativa, na qual foi ampliado o poder dos acionistas minoritários, formados por grandes investidores que compram pequenas partes das ações de uma empresa com o fim único de obter maiores dividendos ou ganhos de capital. Os executivos passaram a ter uma parte de sua remuneração atrelada ao preço futuro das ações da empresa, as *stock options*, estando, então, incentivados a obter uma valorização contínua dessas ações, um aumento do capital fictício, seja através de melhor desempenho da empresa ou de qualquer outra forma, inclusive fraude e falcatruas. Dessa forma, o crescimento do capital fictício nas bolsas de valores de todo o mundo sofreu uma aceleração que levou o valor acionário das empresas de capital aberto a um montante sem nenhuma relação com seu patrimônio ou sua rentabilidade real.

Além do provável papel inibidor do desenvolvimento do capital fictício sobre o capital produtivo tratado acima, é necessário mencionar dois aspectos a ele relacionado e que têm forte impacto sobre as condições de reprodução dos trabalhadores.

Trata-se, em primeiro lugar, do que é chamado de "fragilização das empresas" (Plihon, 2005).

A desregulamentação e a mundialização do capital provocaram uma mudança qualitativa nas estruturas de controle e de propriedade do capital das empresas. Apesar de a internacionalização não ser um processo novo, com destaque para a expansão das multinacionais depois do fim da Segunda Guerra Mundial, inclusive para os países da América Latina, especialmente para o Brasil, houve, nas últimas décadas um aprofundamento da estrangeirização da propriedade. Além da privatização que decorreu do questionamento do papel do Estado, resultando na venda de empresas e na entrega para o mercado da exploração da prestação de serviços e ações até então sob sua responsabilidade, a liberdade concedida aos "investidores institucionais" pelos 3 *Ds* permitiu que empresas passassem a ser controladas não só por estrangeiros, mas por estrangeiros que têm como único objetivo obter altas taxas de rentabilidade e no curto prazo. Esses estrangeiros, que podem ser fundos de pensão, por exemplo, não têm nenhum compromisso de médio ou longo prazo com a empresa, de modo que não têm interesse em investir ou preservar o nível de atividade ou o número de filiais.

Além disso, a liberdade de ir e vir que o capital financeiro adquiriu nas últimas décadas foi acompanhada por ganho de poder do acionista minoritário. Este, a qualquer sinal adverso ou ao vislumbrar melhor rentabilidade em outro lugar, retira-se de sua posição, o que é seguido por outros, e assim a empresa se desestabiliza. É devido ao fato de os acionistas minoritários visarem apenas rentabilidade de curto prazo, de verem as empresas apenas como um ativo financeiro, que Dominique Plihon (2005, p. 140) diz que eles "definem que os objetivos perseguidos pelas empresas devem ser orientados prioritariamente em direção à 'criação de valor acionário', isto é, em direção à maximização do valor do patrimônio dos acionistas".

O objetivo de valorização da ação, imposto pelos acionistas minoritários, tem como consequência o fato de as empresas adotarem como critério de gestão o EVA (*Economic Value Added* – Valor Econômico Agregado), que consiste em administrar a empresa em função da rentabilidade dos capitais em cada filial, fábrica ou componente. Esse tipo de gestão implica a reorganização da empresa a partir de centros de lucro, nos quais é aplicado o critério do valor acionário. Daí decorre que, mesmo quando uma linha de produção ou uma filial é lucrativa, são promovidos fechamentos de linha de produção com vista a melhorar o resultado do centro de lucro. Vale lembrar que o EVA é fixado no mercado internacional; para seu cálculo, são aplicadas normas que variam conforme o setor de atividade. Diz Plihon (2005, p. 140):

> Na forma atual do capitalismo, é demandado às empresas não só produzir lucros (o que era o objetivo dos capitais sob o regime fordista), mas igualmente obter uma rentabilidade dos capitais engajados igual ou superior às normas internacionais fixadas pelos investidores (*benchmarking*). É assim que os grupos são conduzidos a deslocalizar ou a fechar unidades produtivas que obtêm resultados positi-

vos, mas cuja rentabilidade é julgada insuficiente na escala internacional.

Se à gestão imposta pelos acionistas minoritários somarmos o fato de parte da remuneração de gerentes-chave ser formada de *stock options*, vemos que a busca pela valorização acionária só poderia se firmar como norma da empresa e que a margem para aplicação de uma política de longo prazo é bastante reduzida. As *stock options* teriam constituído um dos fundamentos do compromisso estabelecido entre a classe capitalista e a fração superior dos assalariados, tal como defendem Duménil e Lévy (2010).

A incorporação da lógica imediatista do capital fictício no interior das empresas tem, é claro, grande reflexo sobre o nível de emprego e a renda dos ocupados. Isso porque, ao retroalimentar a tendência de níveis baixos de investimento produtivo, ao provocar fechamento de filiais e/ou departamentos e ao incentivar a deslocalização das empresas, não só mantém elevado o nível de desemprego como pressiona a redução dos salários. Não é por outro motivo que o desemprego, esquecido durante os 30 anos dourados, voltou a ser parte da vida *normal* do trabalhador e que os salários tenham significativamente perdido participação na renda nacional dos países.

A expansão do capital fictício

A expansão dos ativos financeiros no mundo, embora se mantenha forte, cresceu particularmente de forma vertiginosa nos anos de 1990. Em 2000, seu estoque era 111,8% maior do que em 1990; em 2010, acusava um crescimento de 91,7% com relação a 2000 e, em 2014, já havia aumentado 42% frente a 2010. Nesse ano, seu estoque apresentava a formidável cifra de US$ 294 trilhões (Gráfico 4) e representava um valor 5,7 vezes maior do que o de 1990. Esse estoque, no entanto, não registra os derivativos, modalidade de capital fictício que assumiu importância ímpar no capitalismo contemporâneo.

Existem derivativos de todos os tipos. Para se ter ideia da importância dessa forma contemporânea de capital fictício, vejamos alguns valores associados a certos tipos de derivativos.

a) o mercado de derivativos em moeda movimentou, em abril de 2019, uma média diária de US$ 8,29 trilhões, quase duplicando em

Gráfico 4 Estoque global de ativos – US$ trilhões

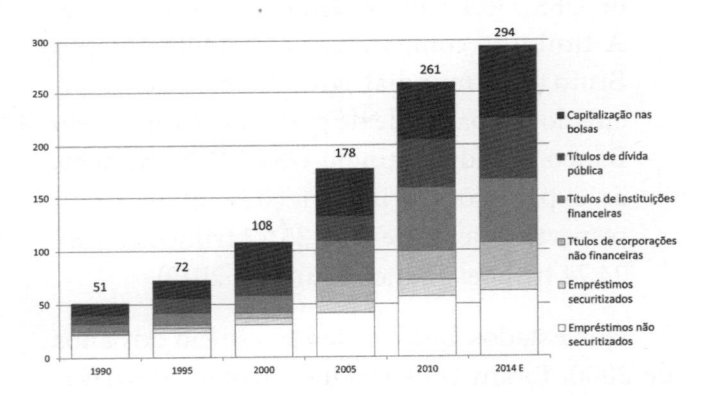

- Capitalização nas bolsas
- Títulos de dívida pública
- Títulos de instituições financeiras
- Ttulos de corporações não financeiras
- Empréstimos securitizados
- Empréstimos não securitizados

1990: 51; 1995: 72; 2000: 108; 2005: 178; 2010: 261; 2014 E: 294

Fonte: McKinsey Global Institute, Haver, BIS, DB estimativas. *Apud* Taylor, 2013.

relação a 2007, quando foi de US$ 4,28 trilhões (BIS, 2019).

b) o mercado de derivativos chamados *over-the-counter* (OTC, são operações realizadas diretamente entre agentes privados, sem intermediários) atingiu, em 2019, o volume médio de negócios diários de US$ 6,50 trilhões, frente a US$ 1,69 trilhão, em 2007. O total de contratos OTC, no final de 2018, alcançou US$ 544,4 trilhões; em 2007, foi de US$

585,9 trilhões, mas tinha atingido o máximo de US$ 710,1 trilhões em dezembro de 2013. A título de comparação, o Produto Interno Bruto (PIB) mundial agregado para 2018, calculado em paridade de poder de compra pelo Banco Mundial, atingiu US$ 121,06 trilhões, as exportações e importações totais foram respectivamente de US$ 25,77 trilhões e US$ 24,74 trilhões (Banco Mundial, 2019).

Nos Estados Unidos, desde o início dos anos de 2000, foram constituídos pacotes de derivativos chamados de *Mortgage Backed Securities* (MBSs). A partir dos MBSs, os riscos eram transferidos por meio de outros derivativos, como os *Credit Default Swap* (CDSs) e os derivativos chamados de sintéticos CDOs (títulos derivados dos CDSs). Após 2005, apareceram dois grupos de ativos derivados dos riscos de crédito e tornaram-se muito importantes, os *Asset-backed Securities* (ABSs) e os *Collateralised Loan Obligations* (CLOs), ambos para a proteção dos bancos e investidores dos riscos de inadimplência. Toda essa construção financeira produziu a aparência da redução dos riscos associados aos derivativos. Entretanto, o que aconteceu foi simplesmente a transferência dos riscos de uma instituição para outra, sem nenhuma redução dos riscos.

Para atuar nesse mercado, cada vez mais desregulamentado, os principais bancos de investimentos criaram as *Special Purpose Vehicle* (SPV), os *Structured Investment Vehicle* (SIV) e as *Asset-Backed Commercial Paper Conduits* (ABCP). Eram instituições financeiras fora das estruturas bancárias e das regulamentações do sistema financeiro, com suas contabilidades separadas da matriz, como se não fossem instituições financeiras. A queda no preço de mercado dos derivativos colocou em evidência os prejuízos dessas instituições e produziu falências generalizadas.

A criação de créditos *subprime*, um exemplo

Uma família sem uma fonte regular de renda, com um emprego instável e com cadastro bancário desfavorável poderia obter um empréstimo (aliás, eram procurados e estimulados pelos agentes imobiliários) para comprar uma casa. Mas a taxa de juros era muito mais elevada do que para as famílias com melhor cadastro, por exemplo, de 8%, quando a taxa básica do Federal Reserve (FED, Banco Central dos EUA) era de 1%, ao ano, até junho de 2004. Normalmente, os contratos previam aquela taxa para os dois primeiros anos e eram reajustados após esse prazo para 12% até 15% ao ano. Esse tipo de contrato é que foi chamado de *subprime*, devido ao elevado risco de inadimplência da família que tomava o empréstimo. O banco ou a agência hipotecária corria inicialmente o risco que ia sendo transferido por meio de um MBS, ou seja, vários desses contratos eram combinados com contratos supostamente *mais seguros* e eram transformados em um derivativo vendido para outras instituições ou no mercado financeiro. Para conseguir vender esses derivativos era oferecida uma taxa de juros maior, financiada pela diferença obtida no contrato *subprime*. Um banco de investimentos, como o Bear Stearns, comprava vários MBSs com níveis de riscos variados e os reunia em um outro derivativo, chamado de CDS, e os revendia para a Fannie Mae, para fundos de *hedge* de outros bancos de investimentos e até para investidores individuais.

Um CDS com até 50% de hipotecas *subprime* recebia qualificação AAA das agências de classificação de riscos (as três mais importantes são Standard & Poor's, Moody's e Fitch), ou seja, títulos teoricamente sem risco, da melhor qualidade, mas sua remuneração era mais elevada. Para melhorar ainda mais a aparência que não havia mais risco, vários CDSs eram reunidos em outro pacote – os CDOs sintéticos – segurando-os junto à American International Group (AIG), uma das maiores seguradoras do mundo, que foi salva da falência pelo FED, em 2008, ou nos mercados financeiros. Assim, as dívidas de lon-

> go prazo dos contratos de empréstimos imobiliários eram financiadas com recursos especulativos de curtíssimo prazo dos mercados financeiros, gerando a possibilidade de descompasso entre os recebimentos e prazos de pagamentos. Todo esse mecanismo começou a ruir quando o FED inverteu sua política monetária, elevando gradativamente a taxa básica de juros (que chegou a 5,25% ao ano em julho de 2006), e foi mantida até outubro de 2007. Assim, as famílias com mau cadastro, que haviam tomado empréstimos a uma taxa de 8%, não tinham mais como pagar as prestações com as novas e elevadíssimas taxas de juros, gerando uma inadimplência generalizada das famílias mais pobres.

A desregulamentação e a integração dos mercados financeiros permitiram a transferência do capital dinheiro dos mercados europeus, asiáticos e de outras regiões para os Estados Unidos e vice-versa. As poupanças e outras formas de recursos, como sobras temporárias de caixa, reservas financeiras ou lucros não distribuídos foram reunidos sob a forma de capital dinheiro pelos bancos e outras instituições financeiras, como fundos de pensão, fundos de *hedge*, fundos de investimentos, fundos soberanos e reservas internacionais dos países subdesenvolvidos e foram direcionados para os mercados financeiros estadunidenses, para a compra de títulos da dívida pública, ações das empresas e derivativos, em particular aqueles criados pela *bolha* imobiliária. Essa integração dos mercados financeiros transferiu para todo o resto do mundo as perdas decorrentes da gigantesca desvalorização das diversas formas de capital fictício.

4. A CRISE DE 2007-2008 E AS MEDIDAS ADOTADAS

A última grande crise de 2007-2008 apresentou seus sinais muito antes de assumir as manchetes dos jornais, tal como uma grande erupção vulcânica anuncia a explosão da cratera mediante o lançamento de enxofre e abalos sísmicos. No curso dos 15 anos que precederam agosto de 2007, diversas crises ocorreram na esfera financeira: a crise mexicana de 1994-1995; a crise asiática de 1997-1998; a quase falência do fundo *Long Term Capital Management* (LTCM) nos Estados Unidos; as crises da Rússia e do Brasil, em 1998, e a queda da Nasdaq, em 2001--2002. Em cada momento dessas crises, parte do capital sob a forma dinheiro foi liquidada, destruída. Antes disso, a crise das dívidas externas, da década de 1980, já havia desvalorizado parte desse capital.

O destaque aqui dado à crise de 2007-2008 deve-se não só ao fato de ter sido a última, mas por ter tido como centro o país hegemônico do capitalismo, tal como na crise de 1929. Na imprensa em geral e mesmo entre alguns economistas, a crise do capitalismo – absolutamente escancarada em 2008 – é caracterizada como uma crise financeira, que teria contaminado o lado real da economia. Esse entendimento tem origem na falta de compreensão do movimento do capital, como já explicamos, quando o capital portador de juros e, em particular em sua forma de capital fictício, assumiu a dominância nas relações econômicas e políticas. Essa dominância, longe de ser uma distorção, constitui o desdobramento lógico do capitalismo. Na medida em que o dinheiro passou a representar o valor, mesmo que a forma preço dele se afaste e se autonomize, a busca por ganhar dinheiro sem passar pelas agruras da produção se impõe e, se a ela não se colocam obstáculos, ela assume a forma de capital fictício hipertrofiado. Assim sendo, a crise atual é uma crise do capital, cuja manifestação primeira ocorreu na esfera financeira, o que não poderia ser diferente.

Nos últimos 50 anos – período em que se criaram as condições para a dominância do capital portador de juros e para o desenvolvimento hipertrofiado do capital fictício – houve, do ponto de vista do capital, uma fuga para frente. Isso porque, como vimos, desde o final da década de 1960, nos EUA, e na metade dos anos de 1970, na Europa, havia se esgotado o regime de acumulação que havia sustentado a acumulação do capital do período do pós-guerra. Em que pese a precarização do trabalho, a redução dos salários e a adoção de novas tecnologias, somente as 500 maiores empresas mundiais conseguiram retomar e expandir sua taxa de lucro, em relação ao período do pós-guerra. Mesmo assim, isso somente foi possível porque parte do lucro foi obtida na esfera financeira (Husson, 1996). O centro dinâmico da acumulação, como visto, estava baseado na ampliação de todas as formas de capital portador de juros, especialmente do capital fictício.

A cada crise, os governos, muitas vezes auxiliados pelo Fundo Monetário Internacional (FMI), contiveram seus efeitos. Mas esses se tornaram cada vez mais difíceis de controlar. Nos EUA, lugar onde o desenvolvimento do capital fictício foi mais avançado, a crise provocada pela queda da *Nasdaq* foi respondida com a expansão imobiliária,[12] toda ela fundada em hipotecas oferecidas a qualquer pessoa, como visto. Nesse momento, o FED respondeu baixando a taxa nominal de juros de 6,5% ao ano, em dezembro de 2000, para 1,75%, em dezembro de 2001. Ela se manteve em 1% de junho de 2003 até maio de 2004. Se considerarmos a inflação, a taxa real de juros tornou-se negativa. Foi durante esse período – de taxas de juros reais negativas –, que as hipotecas *subprime* se acumularam.

A partir de junho de 2004, com o intuito de frear o aumento dos preços, o FED começou a aumentar a taxa de juros, que chegou a 5,25% em junho de 2007. O despertar da crise na esfera financeira começou a ocorrer em fins de 2006,[13]

---

[12] A *Nasdaq Stock Market* é uma bolsa de valores que negocia principalmente ações de empresas de alta tecnologia e é o segundo maior mercado de ações depois da *NYSE*, a bolsa de valores de Nova York.

[13] Deve-se destacar que, além dessas mudanças na política monetária, a economia estadunidense acumulava gigantescos *deficits* fiscais e externos, o primeiro decorrente das guerras contra o Afeganistão e o Iraque e, o segundo, devido em grande parte à deslocalização das empresas, como as maquiladoras no México ou os investimentos diretos realizados na China. Como contrapartida do *deficit* externo, os países subdesenvolvidos ou em desenvol-

quando após sucessivos aumentos na taxa básica de juros, diversos devedores deixaram de pagar as prestações de suas hipotecas. O crescimento da inadimplência foi acelerado pela contração da economia estadunidense. Apesar disso, as taxas de juros foram mantidas no mesmo patamar até junho de 2007, quando os sinais da crise se tornaram muito mais fortes.

Em agosto de 2007, após uma série de quedas nos índices das principais bolsas de valores, o banco francês *BNP Paribas* anunciou a suspensão de três de seus fundos de *hedge*, congelando cerca de 2 bilhões de euros em aplicações financeiras. No mesmo dia, o Banco Central Europeu (BCE) colocou o equivalente a US$ 130 bilhões em novos créditos no sistema bancário, o FED fez o mesmo em um montante de US$ 24 bilhões, seguido pelo Banco Central do Japão, num total de US$ 8,4 bilhões. Esse conjunto de operações coordenadas e quase simultâneas ultrapassou os US$ 350 bilhões após cinco dias de intervenção.

---

vimento acumularam volumosas reservas internacionais que chegaram a mais de US$ 5 trilhões, no final do terceiro trimestre de 2008, segundo o FMI (2009).

Durante todo o segundo semestre de 2007, o comportamento dos mercados financeiros ficou extremamente volátil, reagindo a cada anúncio de perdas registradas pelos grandes bancos estadunidenses, como o Citigroup ou Morgan Stanley. Enquanto isso, o Banco da Inglaterra socorria o Northern Rock que enfrentava uma *corrida bancária*[14] – a primeira em um país desenvolvido após quase um século – antes de nacionalizá-lo, em fevereiro de 2008.

21 de janeiro de 2008 foi outro dia de pânico para a finança mundial, logo após a descoberta de uma fraude recorde em outro banco francês, o

---

[14] Segundo Krugman (2008), as corridas bancárias atuais são de outro tipo, "E, como as incógnitas desconhecidas se tornaram incógnitas conhecidas, o sistema presencia corridas pós-modernas aos bancos. As mesmas que se viam na versão antiga: com poucas exceções, não estamos falando de multidões de poupadores desesperados batendo furiosos nas portas fechadas dos bancos. Falamos de telefonemas frenéticos e *mouses* clicando, enquanto os operadores do mercado financeiros conseguem arrancar linhas de crédito e tentam reduzir o risco dos parceiros. Mas os efeitos econômicos – congelamento de créditos, queda abrupta do valor dos ativos – são os mesmos das grandes corridas aos bancos da década de 1930".

Société Générale.[15] As bolsas despencaram -7,2% em Frankfurt, -6,6% em São Paulo, -6,3% em Paris, -5,5% em Londres, -5,4% no México, -5,1% em Xangai, -3,9% em Tóquio etc. Nos dias seguintes, o FED reduziu agressivamente sua taxa básica de juros de 4,25% para 3,5% e a 3%, em apenas dez dias. Esse conjunto de informações dá uma boa ideia dos fatos sucessivos que ocorreram antes e depois da crise. Com isso, no entanto, não pretendemos ter feito uma lista exaustiva.

No início da crise, o presidente George W. Bush anunciou um plano de socorro aos proprietários de imóveis para ajudá-los nos pagamentos de suas dívidas imobiliárias e, pouco tempo depois, a devolução de uma parte do imposto de renda pago anteriormente. Entretanto, essas propostas foram amplamente criticadas pela sua insuficiência: a primeira atingiu somente um número restrito de famílias e a segunda era dirigida àquelas mais privilegiadas, que tinham renda suficientemente elevada para pagarem imposto de renda.

---

[15] As perdas divulgadas pelo Société Générale, com as aplicações especulativas efetuadas por Jérôme Kerviel, atingiram 4,9 bilhões de euros, em janeiro de 2008, decorrente de um montante de cerca de 50 bilhões de euros em aplicações financeiras (*Folha de S.Paulo*, 24 de maio de 2008).

A implementação dessas medidas, no primeiro semestre de 2008, amenizou a tendência ao colapso financeiro decorrente da crise do *subprime* e evitou a aceleração da queda da demanda das famílias por bens de consumo. Mas foi insuficiente para resolver as contradições decorrentes da crise, a qual continuava fustigando os mercados financeiros internacionais com a elevada instabilidade e alta volatilidade de seus indicadores. Em julho de 2008, foi a vez de outro banco, do IndyMac, sofrer a intervenção do Federal Deposit Insurance Corporation (FDIC). Esse banco estava entre os maiores bancos estadunidenses, sendo que seus ativos estavam na ordem de US$ 32 bilhões. Esta foi a maior falência de um banco desde 1984, e foi seguida por um programa especial de socorro para salvar as maiores instituições financeiras do mercado imobiliário, Fannie Mae e Freddie Mac. Esse programa estava destinado a ajudar 400 mil devedores, podendo ser ampliado para mais 1 a 2 milhões de devedores, com um montante total de US$ 300 bilhões.

Em setembro de 2008, os bancos de investimento Lehman Brothers e Merrill Lynch praticamente foram à falência tendo sido comprados pelos Citigroup e pelo Bank of America, respectivamente. Ao mesmo tempo, a seguradora American International Group (AIG), a maior seguradora do mundo na época, teve que buscar recursos junto ao FED, tendo sido, posteriormente, estatizada ao custo de US$ 85 bilhões (*Folha de S.Paulo*, 2 de março de 2009) Em dezembro de 2008, o FED baixou a taxa nominal de juros para 0,25% ao ano, caindo muitas vezes abaixo disso, e foi mantida até janeiro de 2016. Durante o ano de 2018, essa taxa ainda continuou abaixo de 2% ao ano, inferior à taxa média de inflação (*Folha de S.Paulo*, 26 de fevereiro 2009) no mesmo ano, nos EUA.

Ao mesmo tempo, os principais bancos centrais do mundo procuraram coordenar suas intervenções, oferecendo linhas de crédito privilegiadas aos bancos e reduzindo continuamente suas taxas de juros. Quase ao mesmo tempo, Henry Paulson, secretário do Tesouro dos EUA, e Ben Bernanke, presidente do FED, organizaram um gigantesco pacote de socorro ao sistema financeiro, num total de US$ 700 bilhões, para a compra dos títulos desvalorizados (ou podres) dos ativos bancários. Inicialmente, o projeto foi rejeitado na Câmara, mas, após várias alterações, foi aprovado no Senado. As principais alterações foram: a forma de ajuda aos bancos, que passou a ser por meio da compra de ações; a extensão da ajuda para outras empresas; e o aumento da soma envolvida, que ficou em US$ 850 bilhões. Desse total, foram aplicados cerca de US$ 500 bilhões, até o final do mandato de George W. Bush, inclusive com os empréstimos de US$ 13,4 bilhões e de US$ 4 bilhões, para salvar da falência a General Motors (GM) e a Chrysler, respectivamente, duas das maiores empresas automobilísticas do mundo. Em fevereiro de 2009, no final do prazo concedido para que essas empresas apresentassem um plano de reestruturação e recuperação, a GM, que teve um prejuízo de US$ 30,9 bilhões (*Folha de S.Paulo*, 26 de fevereiro de 2009) em 2008, solicitou mais US$ 16,6 bilhões e a Chrysler mais US$ 5 bilhões (Murta, 2009), para não declararem falência. Um dos resultados anunciados da reestruturação dessas empresas foi a demissão de 52 mil trabalhadores.

Após as eleições presidenciais nos Estados Unidos e a substituição de George W. Bush por Barack Obama, foi submetido ao Congresso um outro plano anticrise elaborado pela equipe econômica do novo presidente.

Os principais nomes dessa equipe foram:[16] Larry Summers, conselheiro da Casa Branca, ex-presidente do Banco Mundial e ex-secretário do Tesouro no governo de Clinton, que foi obrigado a se demitir da presidência da Universidade de Harvard por seu comentário depreciativo contra a menor participação feminina entre os cientistas; Timothy Geithner, secretário do Tesouro, que foi diretor do Departamento de Desenvolvimento de Políticas do Fundo Monetário Internacional, onde entrou por intermédio de Paul Volcker; foi também secretário adjunto de Larry Summers e de Robert Rubin e ocupava a presidência do FED de Nova York; Paul Volcker, escolhido para presidente do Conselho Assessor, foi presidente do FED entre 1979 e 1987, executor da mudança na política monetária dos EUA que causou a gigantesca crise da dívida dos anos de 1980 e um dos maiores responsáveis pela introdução das políticas neoliberais sob o governo de Ronald Reagan; Robert Rubin, ex-secretário do Tesouro, de 1995 a 1999, durante a gestão de Bill Clinton, foi

---

[16] Para uma rápida avaliação dessa equipe, ver: Toussaint e Millet, 3 de dezembro de 2008 e López, 25 de janeiro de 2009.

conselheiro e assessor do Citigroup, banco que sofreu um prejuízo de US$ 20 bilhões durante a crise, e um dos principais conselheiros econômicos de Obama durante o período eleitoral. Assim, alguns dos responsáveis pela desregulamentação dos mercados, pela expansão do capital fictício, pela globalização das políticas neoliberais que geraram as condições para o desencadeamento da crise, voltaram para comandar as políticas econômicas do governo de Obama.

O esperado plano econômico foi aprovado e sancionado pelo presidente em 18 de fevereiro de 2009. Ele acrescentou ao plano de Bush mais US$ 787,2 bilhões, somando um total de US$ 1,6 trilhão. Apesar do seu tamanho, o presidente não descartou a possibilidade de mais um plano, em caso de necessidade. Esse plano, com um horizonte de dez anos, deveria ter a seguinte destinação: "do total, 38% irão para ajuda a governos estaduais e locais e programas de assistência à população de baixa renda ou desempregada; 38% responderão por cortes nos impostos pagos principalmente pela classe média; e 24% serão gastos em obras públicas" (Dávila, 2009a). Segundo a imprensa, o objetivo de Obama era a criação de 4 milhões de empregos, por meio desses gastos públicos.

Entre a apresentação, discussão e a aprovação do plano, os mercados financeiros continuaram suas quedas, mostrando a insatisfação dos possuidores do capital fictício em relação ao plano de Obama. Em 11 de fevereiro, os índices Dow Jones e Nasdaq caíram -4,62% e -4,20%, respectivamente; a bolsa de Londres caiu -2,19% e a de Frankfurt -2,46%. Pouco depois de o plano ter sido sancionado, em 21 de fevereiro, novas fortes quedas ocorreram: o Dow Jones diminuiu -1,34%, puxado principalmente pelas ações dos grandes bancos; Londres caiu -3,22%, Paris -4,35% e Frankfurt -4,76%. Tudo isso mostrou que a gigantesca massa de recursos já injetada no sistema financeiro não tinha sido suficiente para resgatar os grandes bancos e que a hipótese de insolvência se apresentava como a mais provável.[17] Os dados disponíveis validaram essa per-

---

[17] Segundo Martin Wolf, do *Financial Times*, "proporção considerável dos bancos está insolvente; seus ativos valem menos que seus passivos. O FMI argumenta que os potenciais prejuízos sobre ativos de créditos gerados nos EUA atingem, só eles, US$ 2,2 trilhões. O economista Nouriel Roubini estimou que o pico de prejuízos dos ativos gerados nos EUA possa atingir US$ 3,6 trilhões" (Wolf, 2009).

cepção: os bancos nos EUA tiveram um prejuízo de US$ 26,2 bilhões no último trimestre de 2008; a Fannie Mae anunciou um prejuízo de US$ 58,7 bilhões, em 2008; o FDIC classificou 252 bancos como *problemáticos* e se esperava a falência de pelo menos mil bancos, dos mais de 8.300 existentes no país (Canzian, 2009).

De forma complementar ao pacote econômico, o governo de Obama apresentou uma proposta de orçamento para o ano de 2010 na qual se destacaram: o aumento dos gastos sociais; a redução relativa dos gastos militares; e a elevação da tributação sobre os mais ricos da população. Embora chamado de orçamento *socialista* ou *Robin Hood*, o presidente Obama não esqueceu dos ricos banqueiros, investidores e especuladores do mercado financeiro quando da justificativa que apresenta a proposta ao Congresso: "Se as condições econômicas piorarem, o governo pode usar mais US$ 750 bilhões em operações de compra de ativos de entidades em dificuldades ou, trocando em miúdos, em ações de nacionalização temporária." (Dávila, 2009b). Apesar disso, o mercado financeiro não se acalmou e o projeto foi motivo de várias críticas. O *deficit* fiscal para o ano de 2009 foi de 10,1% do PIB estadunidense, ou US$ 1,42 trilhão, diminuiu para US$ 1,29 trilhão, ou 9% do PIB, em 2010 (CBO, 2019). Nos últimos dois anos, caiu para US$ 665,4 bilhões e US$ 779,1 bilhões, ou 3,5% e 3,9% do PIB, respectivamente para 2017 e 2018. Para o ano de 2019, o *deficit* previsto pelo CBO é de US$ 960,0 bilhões ou 4,5% do PIB, e deve continuar crescendo nos próximos anos, superando US$ 1 trilhão a partir de 2020, com uma média anual de US$ 1,22 trilhão nos próximos dez anos.

As medidas adotadas pelos principais países para fazer frente à crise de 2007/2008, com destaque para os EUA, integram o que ficou conhecido como *Monetary Easing* ou *Quantitative Easing* (Flexibilização Monetária).[18] Elas, bem como a redução da taxa de juros, tinham como objetivo evitar uma crise financeira sistêmica mundial, mas foi insuficiente para garantir a retomada do investimento produtivo e para conter o crescimento posterior do capital fictício. Assim afirma Chesnais (2015, p. 2):

---

[18] Os bancos centrais passaram a comprar títulos públicos ou privados com a criação primária de moeda, política que, segundo os teóricos, impulsionaria a demanda e o crescimento da economia.

Depois de 2008, sem a utilização continuada das 'políticas monetárias flexíveis' (o *quantitative easing*), a América do Norte e a Europa teriam permanecido em recessão e não teriam conhecido taxas de crescimento, mesmo muito fracas, das quais se beneficiaram. Esse afluxo de liquidez não serviu para relançar o investimento, mas unicamente para confortar os investidores financeiros.

"Uma impressão desconcertante de descolamento entre o dinamismo dos mercados e a evolução subjacente da economia mundial". Tais são os termos empregados pelo BIS para caracterizar a situação econômica mundial e constatar o fracasso das "políticas monetárias flexíveis" que ele, e mais ainda o Fundo Monetário Internacional (FMI), fazem um balanço muito negativo. A constatação de fracasso é importante: por toda uma série de países, investidores que recomeçam a se lançar em especulações ao mesmo tempo arriscadas e muito desestabilizadoras, enquanto a economia mundial está sem vitalidade e ameaçada no setor industrial pela deflação.

A *Quantitative Easing* foi executada principalmente nos EUA, Grã-Bretanha, Japão e na Área do Euro. Durante a última década, o mundo presenciou uma maciça criação monetária por meio da compra de títulos privados efetuada pelos bancos centrais desses países e em geral a aplicação de uma taxa real de juros negativa.[19]

O resultado dessa política, que premiaria os capitais que realizassem investimentos e impulsionassem o crescimento, por um lado, e puniria os capitais convertidos em capital portador de juros aplicados em títulos públicos, por outro, foi um fracasso em termos do desempenho do PIB, como vimos. Como consequência, os formuladores da política macroeconômica ortodoxa se encontraram em uma situação no mínimo vexatória, sem saída a não ser abandonarem suas concepções teóricas.

A estagnação após a crise

Os impactos da crise de 2007-2008 se refletem até os dias de hoje na economia mundial. A taxa média de crescimento do PIB mundial na última década (2009-2018) foi de 2,53%, incluindo aí a China, cuja taxa média foi de 7,95%, e a Índia,

---

[19] Uma forma rápida de estimar a taxa real de juros é comparando-a à taxa de inflação. Quanto esta é maior do que a taxa nominal de juros, a taxa real é negativa.

que cresceu 7,12% (Banco Mundial, 2019). O resultado em termos *per capita* foi ainda mais desastroso para a economia capitalista mundial,[20] um crescimento médio anual de apenas 1,34%. Nessa década, o PIB dos EUA cresceu 1,76% ao ano, o dos países da Organização para a Cooperação e Desenvolvimento Econômico (OCDE), considerados países ricos, cresceu 1,48% e o da União Europeia, 0,99%. Dentre as maiores economias capitalistas do mundo, como a Alemanha, Japão, Reino Unido e Itália, o crescimento médio anual, após 2008, foi de 1,28%, 0,71%, 1,29% e -0,31%, respectivamente. Em termos *per capita*, o crescimento do PIB desses países também foi medíocre: 1,19%, 0,83%, 0,55% e -0,57%. A China e a Índia, dentre as maiores economias do mundo, destacaram-se com taxas médias de crescimento de 7,41% e 5,85%.

O Brasil não escapou dessa década de estagnação do capitalismo mundial. O PIB cresceu em

---

[20] O PIB *per capita* é obtido pela divisão do PIB pelo número de habitantes; assim, é como se a taxa de crescimento do PIB fosse descontada do crescimento da população e indicaria uma melhoria das condições médias individuais de vida, se a distribuição de renda permanecesse exatamente a mesma.

média 1,21% ao ano e o PIB *per capita*, apenas 0,34%. Assim, em termos reais, o PIB *per capita*, calculado em paridade de poder de compra (PPP),[21] foi de US$ 16.068,02, classificando-se na octogésima posição no mundo, muito distante dos primeiros colocados, Catar, Macau (China), Luxemburgo e Singapura com mais de US$ 100 mil. Ao ritmo de crescimento *per capita* da última década e mantendo-se constante as mesmas condições econômicas, o Brasil precisaria de uns dois séculos para dobrar o PIB por habitante, enquanto a China precisaria somente de uns dez anos e a economia mundial, mais de 50.

Se não bastasse o fraco desempenho da economia mundial na última década, o prognóstico para 2019 é ainda pior, segundo o Fundo Monetário Internacional (FMI): não só é esperado um crescimento mais lento, como esse está sincronizado, afetando 90% dos países (*O Globo*, 2019). Por sua vez, Chesnais (2019) agrega outros elementos: além de chamar atenção para vários as-

---

[21] As estimativas efetuadas em PPP buscam reduzir as distorções decorrentes da conversão do PIB pelas taxas médias de câmbio e tenta estimar um poder de compra das moedas locais.

pectos importantes, tais como o fato de as taxas de juros estarem caindo de forma assustadora (ele usa a expressão "estarem mergulhando") e de a dívida ativa pública e privada estar aumentando a toda velocidade, destaca o forte retorno dos empréstimos alavancados para empresas e dos empréstimos a taxas variáveis concedidos a empresas já altamente endividadas. Num quadro de fraco crescimento, aumentam as probabilidades de uma crise financeira se manifestar, denunciando o impasse vivido pelo capital, que trabalhava com alto nível de ociosidade e que não conseguiu, até o momento, recuperar os níveis da taxa de lucro de antes. Para Michel Roberts (2019), essa incapacidade denuncia que estamos vivendo um período de longa depressão.

REFERÊNCIAS

BANCO CENTRAL DO BRASIL. *IF.data*. Disponível em: <https://www3.bcb.gov.br/ifdata/#>. Acesso em 21/10/2019.

_____. Notas para a imprensa. *Estatísticas fiscais*. Disponível em: <https://www.bcb.gov.br/estatisticas/estatisticasfiscais>. Acesso em 21/10/2019.

_____. Notas para a imprensa. *Notas à imprensa do Mercado Aberto*. Disponível em: <https://www.bcb.gov.br/estatisticas/mercadoabertoswaptitulos>. Acesso em 21/10/2019.

_____. Estatísticas fiscais. Disponível em: <https://www.bcb.gov.br/estatisticas/estatisticasfiscais>. Acesso em: 21/10/2019.

_____. Dados selecionados. Disponível em: <https://www3.bcb.gov.br/ifdata/>. Acesso em: 21/10/2019.

BANCO MUNDIAL. Indicadores. Disponível em: <https://data.worldbank.org/indicator/NY.GDP.MKTP.KD.ZD?view=chat>.

BIS. Bank for International Settlements. Disponível em: <https://stats.bis.org/statx/toc/DER.html>. Acesso em: 30/09/2019.

BM&FBOVESPA. Produtos listados à vista e derivativos, renda variável, empresas listadas. Disponível em: <http://www.bmfbovespa.com.br/pt_br/produtos/listados-a-vista-e-derivativos/renda-variavel/empresas-listadas.htm>. Acesso em: 18/10/2019.

_____. Serviços, Market, mercado a vista, valor de mercado das empresas listadas. Disponível em: <http://www.bmfbovespa.com.br/pt_br/servicos/market-data/consultas/mercado-a-vista/valor-de-mercado-das-empresas-listadas/balcao-organizado/>. Acesso em: 18/10/2019.

CANZIAN, Fernando. Bancos dos EUA têm 1º prejuízo em 18 anos. *Folha de S.Paulo*. Disponível em: <https://www1.folha.uol.com.br/fsp/dinheiro/fi2702200915.htm>. Acesso em 27/02/2009.

CARCANHOLO, Reinaldo e NAKATANI, Paulo. Capitalismo especulativo e alternativas para América Latina. *In*: GOMES, Helder (org.). *Especulação e lucros fictícios*. Formas parasitárias da acumulação contemporânea. São Paulo: Outras Expressões, 2015, p. 89-124.

_____. O capital especulativo parasitário: uma precisão teórica sobre o capital financeiro, característico da globalização. *In*: GOMES, Helder (org.). *Especulação e lucros fictícios*. Formas parasitárias da acumulação contemporânea. São Paulo: Outras Expressões, 2015, p. 31-59.

CARCANHOLO, Reinaldo e SABADINI, Maurício. Capital fictício e lucros fictícios. *In*: GOMES, Helder (org.). *Especulação e lucros fictícios*. Formas parasitárias da acumulação contemporânea. São Paulo: Outras Expressões, 2015, p. 125-159.

CBO. Congressional Budget Office. Disponível em: <https://www.cbo.gov/about/products/budget-economic-data#2>. Acesso em: 2/10/2019.

CHESNAIS, François. A economia capitalista sete anos depois do início da crise econômica e financeira mundial. *O Olho da História*, 2015. Disponível em: <http://oolhodahistoria.ufba.br/wp-content/uploads/2016/12/21chesnais.pdf>. Acesso em: 12/10/2019>.

_____. *Financial Capital Today*. Boston: Brill, 2016.

_____. La théorie du capital de placement financier et les points du système financier mondial où se prépare la crise à venir. *A l'Encontre*, 26/4/2019. Disponível em: <http://alencontre.org/economie/la-theorie-du-capital-de-placement-financier-et-les-points-du-systeme-financier-mondial-ou-se-prepare-la-crise-a-venir.html>. Acesso em 16/10/2019>.

_____. O capital portador de juros: acumulação, internacionalização, efeitos econômicos e políticos. *In*: CHESNAIS, François (org.). *A finança mundializada:* raízes sociais e políticas, configurações, consequências. São Paulo, Boitempo, 2005.

Comissão de Valores Mobiliários. Boletim Séries Históricas. Disponível em: <http://www.cvm.gov.br/menu/acesso_informacao/serieshistoricas/boletins/sobre.html>. Acesso em: 18/10/2019.

DARDOT, Pierre e LAVAL Christian. *A nova razão do mundo:* ensaio sobre a sociedade neoliberal. São Paulo: Boitempo, 2016.

DÁVILA, Sérgio. Versão final de plano de Obama passa na Câmara. *Folha de S.Paulo.* Disponível em: <https://www1.folha.uol.com.br/fsp/dinheiro/fi1402200909.htm>. Acesso em: 14/2/2009a.

_____. Texto abre espaço para dar mais US$ 750 bi a sistema financeiro. *Folha de S.Paulo.* Disponível em: <https://www1.folha.uol.com.br/fsp/mundo/ft2702200904.htm>. Acesso em: 27/2/2009b.

DUMÉNIL, Gérard e LÉVY, Dominique. A finança capitalista: relações de produção e relações de classe. *In*: CHESNAIS, François (org.). *A finança capitalista.* São Paulo: Alameda, 2010.

EICHENGREEN, Barry. *A globalização do capital.* Uma história do sistema monetário Internacional. São Paulo: Editora 34, 2000.

FMI. Fundo Monetário Internacional, Currency Composition of Official Foreign Exchange Reserves (COFER). <http://www.imf.org/external/np/sta/cofer/eng/index.htm>. Acesso em 1/3/2009.

FOLHA DE S.PAULO. "AIG tem prejuízo recorde de US$ 61,7 bi no trimestre". Disponível em: <http://www1.folha.uol.com.br/folha/dinheiro/ult91u511157.shtml>. Acesso em: 2/3/2009.

_____. "Société Générale". 24/5/2008. Disponível em: <https://www.folha.uol.com.br/folha/dinheiro/ult91u509541.html>. Acesso em 1/2/2009.

_____. "General Motors registra prejuízo de US$ 30 bilhões em 2008". 26/2/2009. <https://www1.folha.uol.com.br/merca do/2009/02/509541-general-motors-registra-prejuizo-de-us-30-bilhoes-em-2008.shtml>. Acesso em 1/3/2009.

HAGGER, Nicholas. *A corporação*. A história secreta do século XX e o início do governo mundial futuro. São Paulo: Cultrix, 2009.

HUSSON, Michel. Apresentação de Michel Husson no Third Economics seminar of the IRRE. Amsterdam, 2014. Vídeo disponível em: <https://www.iire.org/node/640>.

_____. *Misere du capital:* critique du néolibéralisme. Paris, Syros, 1996.

KRUGMAN, Paul. Roleta-russa financeira. *O Estado de São Paulo*, 16/09/2008.

LÓPEZ, Juan Torrez. Obama y sus asesores económicos. *Rebelion*, 25/1/2009. Disponível em: <http://www.rebelion.org/noticia.php?id=79649>. Acesso em 25/1/2009.

MARQUES, Rosa Maria e ANDRADE, Patrick. Marx e o capitalismo do século XXI, 2019 (mimeo).

MARQUES, Rosa Maria e NAKATANI, Paulo. *O que é capital fictício e sua crise*. São Paulo: Brasiliense, 2009.

MARX, Karl. *Grundrisse:* manuscritos econômicos de 1857-1858: esboço da crítica da economia política. São Paulo: Boitempo; Rio de Janeiro: Ed. UFRJ, 2011.

_____. *O capital:* crítica da economia política. Livro I: O processo de produção do capital. São Paulo: Boitempo, 2013.

_____. *O capital:* crítica da economia política. Livro II: O processo de circulação do capital. São Paulo: Boitempo, 2014.

_____. *O capital:* crítica da economia política. Livro III: O processo global da produção capitalista. São Paulo: Boitempo, 2017.

MURTA, Andrea. GM e Chrysler cortam mais e querem mais ajuda. *Folha de S.Paulo*, 17/2/2009. Disponível em: <https://www1.folha.uol.com.br/fsp/dinheiro/fi1702200916.htm>. Acesso em: 20/2/2009.

NAKATANI, Paulo e MELLO, Gustavo Moura de Cavalcanti. Criptomoedas: do fetichismo do outro ao *hayekgold*. *Crítica Marxista*, n. 47, p. 9-25, 2018.

O GLOBO. 90% dos países terão desaceleração no crescimento em 2019, diz nova diretora-gerente do FMI. 16/10/2019. Disponível em: <https://g1.globo.com/economia/noticia/2019/10/08/90percent-dos-paises-terao-desaceleracao-no-crescimento-em-2019-diz-nova-diretora-gerente-do-fmi.ghtml>. Acesso em: 16/10/2019.

PAUL, Ron. *O fim do FED. Porque acabar com o banco central*. São Paulo: É Realizações, 2011.

PLIHON, D. As grandes empresas fragilizadas pela finança. *In*: CHESNAIS, François. (org.) *A finança mundializada, raízes sociais e políticas, configuração, consequências*. São Paulo, Boitempo: 2005.

ROBERTS, Michael. A delicate moment. Disponível em: <https://thenextrecession.wordpress.com/2019/04/14/a-delicate-moment/>. Acesso em: 16/12/2019.

TAYLOR, Timoty. Financial Globalization Takes a Breather. Disponível em: <http://conversableeconomist.blogspot.com/2013/03/financial-globalization-takes-breather.html>. Acesso em: 10/10/2019.

THE WORLD BANK. Banco Mundial. Indicadores. Disponível em: <https://data.worldbank.org/indicator>. Acesso em: 30/9/2019.

_____. Banco Mundial. Indicadores. Disponível em: <https://data.worldbank.org/indicator/NY.GDP.MKTP.KD.ZG?view=chart>. Acesso em: 2/10/2019.

TOUSSAINT, Eric e MILLET, Damien. Obama choisit ceux qui ont échoué. *CADTM*. <http://www.cadtm.org/imprimer.php3?id_article=3924>. Acesso em: 3/12/2008.

WACHTEL, Howard. *Os mandarins do dinheiro*. Rio de Janeiro: Nova Fronteira, 1988.

WOLF, Martin. Por que o pacote bancário de Obama vai fracassar. *Folha de S.Paulo*. Disponível em: <https://www1.folha.uol.com.br/fsp/dinheiro/fi1102200905.htm>. Acesso em 11/2/2009.